Passeport vers le rêve américain : les visas expliqués aux Français

Les conseils d'un avocat en Immigration américaine et française

Les impliqués
Éditeur

Fondée en 2014, notre maison d'édition se consacre à la publication d'ouvrages relevant de divers domaines : littérature, récits personnels, premiers romans et nouvelles, essais en sciences humaines, religion, économie, etc.

Les impliqués ont pour vocation de publier, après sélection, les manuscrits qui leur sont confiés. Ils proposent ainsi aux auteurs de faire de leur projet d'écriture une réalité et d'éditer, après une réelle collaboration avec eux, leur ouvrage issu de leurs souvenirs, de leur imagination, de leurs rêves, de leur recherche ou encore de leur travail.

Asif Arif

Passeport vers le rêve américain : les visas expliqués aux Français

Les Conseils d'un avocat en Immigration américaine et française

Les impliqués
Éditeur

Du même auteur

Ahmadiyya : un islam interdit

Histoire et persécutions d'une minorité au Pakistan

L'Harmattan, 2014.

France-Belgique, la diagonale terroriste

(avec Sébastien Boussois),

La Boîte à Pandore, 2015.

Outils pour maîtriser la laïcité

La Boîte à Pandore, 2017.

Être musulman en France

L'Harmattan, 2019.

Eric Zemmour et l'islam

L'Harmattan, 2022.

5-7, rue de l'École-Polytechnique – 75005 Paris
www.lesimpliques.fr
contact@lesimpliques.fr
ISBN : 979-10-428-0566-1
EAN : 9791042805661
Pour l'envoi de vos manuscrits : voir à la fin de cet ouvrage

Présentation de l'auteur

Asif Arif est un avocat spécialisé en immigration et mobilité internationale, avec une double admission au barreau de Paris et de Californie. Fort de plus de dix ans d'expérience, il aide des clients à naviguer les complexités juridiques entre la France et les États-Unis. Il est également Avocat-Conseil auprès du Consulat de France à Los Angeles. Parlant plusieurs langues, dont le français, l'anglais, le hindi, le pendjabi et l'ourdou, Asif est reconnu pour son expertise dans les visas professionnels, familiaux et d'investissement, notamment via ses plateformes Immigrate to France et Move to USA Today. Asif intervient devant les tribunaux français et américains dans les contentieux liés à l'immigration.

Asif est également l'auteur de 5 livres, aux éditions l'Harmattan et La Boîte à Pandore.

Sommaire

PROPOS INTRODUCTIFS

Nombreux sont les Français qui décident de tenter « le rêve américain » et de se lancer dans une aventure Outre Atlantique. Il va de soi qu'entre le projet de se lancer et le lancement effectif d'un projet d'expatriation, il y a un fossé et de nombreuses interrogations : quel est le visa qu'il convient d'obtenir, quelles sont les incidences fiscales d'un tel projet d'expatriation, que faire par rapport aux enfants et à leur scolarisation. Il y également de nombreux doutes qui nous traversent : comment concrètement affronter le changement de culture, le changement de vie.

Nous allons tenter d'apporter des réponses, aussi concrètes que possible, afin d'aider à la prise de décision dans la décision d'expatriation. Cet ouvrage aura pour vocation de se focaliser sur l'aspect immigration qui est, en général, fondamentale dans le projet d'expatriation. Même lorsque le porteur du projet le fait par le truchement de son entreprise (envoi d'un salarié Français aux États-Unis pour un détachement), il s'enquiert d'effectuer des recherches afin de déterminer quels seront les moyens pouvant aboutir à une expatriation réussie. Il va naturellement, dans sa quête assoiffée dans savoir plus, dans l'excitation de l'installation future, vouloir regarder quel visa il va solliciter pour s'installer aux États-Unis.

Approche générale de l'immigration aux USA

Notons que les États-Unis ont effectivement bien « LEUR » méthode de fonctionnement. Avant de déposer une demande de visa, il convient de bien analyser ce que l'on va faire. Beaucoup de clients nourrissent l'ambition de se qualifier pour un type de visa sans pour autant remplir les conditions concrètes. Par exemple, pour les visas dit « O », qui représentent la catégorie des visas pour des individus se distinguant par leurs talents extraordinaires, les conditions à remplir sont drastiques. Ce n'est pas parce qu'on a eu un article dans un magazine locale que l'on va considérer que l'on peut se qualifier pour ce visa.

Parfois, certaines personnes peuvent être reconnues dans leur domaine sans pour autant que leurs travaux se logent dans une catégorie de visa en particulier. Somme toute, il faut se faire assister d'un avocat et ce n'est pas moi, avocat en immigration en France et aux États-Unis qui vais écrire le contraire. Mais cela fait sens. La complexité croissante du schéma législatif américain impose qu'un professionnel s'attarde sur les aspects de qualification.

Un autre cas de figure que je rencontre régulièrement en pratique sont les Français qui souhaitent se rendre aux États-Unis avec un ESTA (programme de reconnaissance sans passer par une demande de visa entre la France et les États-Unis) et de « voir » ce qu'ils vont y faire, y trouver du travail puis vivre au jour de jour. *Cape Diem.* C'est le cas de figure à éviter à tout prix. Les États-Unis ont une conception différente du droit de l'immigration de la France par exemple. En France, un étranger sans titre de séjour peut demander des admissions dites exceptionnelles, s'il remplit des conditions précises posées par la loi française. Aux États-Unis, ces admissions exceptionnelles n'existent pas, ou peu. Même lorsqu'elles existent, elles sont temporaires, enfermées dans des conditions très strictes et ne visent qu'une catégorie très limitée d'individus.

Il ne faut donc pas s'aventurer dans « l'immigration de tourisme » consistant à vivre au jour le jour et ne pas avoir de statut alors que le but est de s'installer durablement aux États-Unis. S'installer durablement aux États-Unis passe par la nécessité fondamentale de bien maîtriser ce que l'on va y faire et si on n'est ou pas éligible. Si l'éligibilité n'est pas caractérisée, cela ne veut pas dire qu'il faut baisser les bras. Parfois, il suffit juste de travailler un peu plus son dossier et de le soumettre une nouvelle fois pour voir si on se qualifie cette fois-ci.

Visas « immigrants » et Visas « non immigrants »

Il faut également veiller à bien connaître la différence entre les visas immigrants et les visas dits « non immigrants ». Les visas immigrants ont pour objectif de s'établir de manière permanente aux États-Unis. En d'autres termes, ce sont les visas qui donnent accès à la carte verte. Naturellement, ces visas épousent des conditions plus drastiques à remplir et sont soumis à une appréciation très stricte de l'immigration américaine. Cette appréciation est faite de doctrine et d'interprétation de chaque mot qui est contenu dans les conditions qu'il convient de remplir. Si je ne devais donner qu'un exemple, c'est celui du terme de « *manager* ». Pour obtenir une carte verte en qualité de « *manager* » d'une société multinationale, l'immigration américaine vous demande d'être un manager international mais ne donne pas plus d'éléments dessus.

Lorsqu'on cherche à comprendre la position de l'immigration américaine sur la définition de *manager* on en sort confus, sans réellement savoir ce que l'immigration attend de nous. Voici encore une raison qui devrait vous pousser à aller à la rencontre d'un professionnel au lieu de vous faire votre propre religion sur la question. Beaucoup de mes clients pensent par exemple qu'un gestionnaire de projet pourrait entrer dans cette définition alors que cela est bien plus complexe que cela : une doctrine abondante de l'immigration américaine existe sur le sujet de sorte que cette qualification est, la plupart du temps, exclue. De manière tout à fait similaire, l'immigration américaine exige que vous apparaissiez dans un *major media* afin d'obtenir une carte verte fondée sur les talents extraordinaires sans pour autant réellement définir ce qu'elle entend par cette condition.

Il faut en conséquence faire preuve de prudence car un refus peut coûter cher (cf. infra). Les visas dits non immigrants autorisent leurs titulaires à demeurer aux États-Unis, exercer une activité (pour certains d'entre eux) mais le protagoniste doit toujours indiquer, par son comportement, que son but ultime ou, plutôt, que son intention ultime, est de rentrer en France au terme de son visa. Ces derniers n'ont en conséquence pas vocation à donner un droit de résidence permanent à leurs titulaires mais plutôt un droit temporaire.

Là où la confusion s'installe c'est avec le concept dit de la double intention. Certains visas, pourtant non immigrants, c'est-à-dire avec l'intention de ne pas s'établir de manière permanente aux États-Unis, sont *dual intent*. Cela veut dire que le titulaire du visa peut entretenir deux intentions : celle d'éventuellement rester, ou celle de rentrer chez lui. Toutefois, si le titulaire décide de rester aux États-Unis, il faudra qu'il change son statut afin de le conformer avec un visa immigrant et l'immigration américaine aura un droit de cité sur sa demande puisqu'elle va apprécier si le demandeur entre dans les conditions du visa permanent qu'il sollicite.

Il existe également d'autres éléments qui pourraient vous induire en confusion totale comme la présence de la même catégorie (talents extraordinaires par exemple) tant dans les visas immigrants que dans les visas non immigrants. S'ils se ressemblent, leur méthode d'appréciation par l'administration américaine sont complètement différentes. Prudence encore une fois donc.

« Normal Processing » ou le « Premium Processing »

Une autre question fondamentale que se posent les Français souhaitant s'installer aux États-Unis est le coût associé à la demande d'immigration. Sans entrer dans les détails de la différence de coût qui existe entre la demande par la voie du Consulat et une demande de changement de statut sur place aux États-Unis (enfermée dans des conditions pour le moins strictes et très limitées), le coût peut varier selon le type de démarche que l'on engage et selon le type de visa que l'on demande.

Plusieurs éléments de complexité existent dans ces coûts. Certaines demandes sont totalement traitées par le Consulat à Paris et d'autres sont traitées partiellement par l'immigration américaine, aux États-Unis. Lorsqu'elles sont partiellement traitées aux États-Unis, il existe (pas dans tous les cas de figures mais dans la majorité des visas de ce type demandés par les Français) la distinction entre le *normal processing* (avec un coût de base) et le *premium processing* (coût de base + 2,800 dollars américains environ en 2024). Dans le *premium* l'administration s'engage à vous répondre dans les 15 jours suivants la réception de la demande. L'incitation est belle est bien présente puisque le *normal processing* peut prendre plusieurs mois avant qu'une réponse ne soit apportée à la demande.

Dans certains cas de figure, par exemple l'immigration par la famille (Titre 1), le premium processing n'existe tout simplement pas. L'administration américaine n'a pas les moyens, compte tenu du volume des demandes, de les traiter dans ce délai record de 15 jours. Il n'est pas impossible qu'à l'avenir l'immigration américaine ouvre ce type d'incitation, mais à ce jour (2024) ce n'est pas le cas. Il s'agit également de la première leçon que vous apprenez : aux États-Unis tout à un prix. Un avocat que j'ai rencontré à Paris a eu cette phrase très vraie à mon sens : aux États-Unis, « on est un billet de dollar ».

« Conditional Residency » ou « Permanent Residency »

Cet élément de distinction est également peu compris de la part de bon nombre de clients. Bien que la carte verte soit octroyée, cela ne veut pas pour autant dire qu'elle sera de dix ans. Dans beaucoup de cas de figure, l'immigration américaine veut vous faire passer un test. Le fameux test des deux ans. Prenons l'exemple du mariage avec un ressortissant américain que nous développerons dans le Titre 1. Si le mariage avec le ressortissant américain date de moins de deux ans, l'immigration américaine ne vous octroiera une carte de deux ans (*conditional green card*) qui vous met au défi de démontrer que votre relation est vraie et que votre demande d'immigration n'est pas frauduleuse. Frauduleuse, le mot est lâché. La fraude est un des délits les plus mal vu aux États-Unis (en particulier en droit de l'immigration) de sorte que, comme en droit français, elle corrompt le tout (voir l'adage repris par les tribunaux français *fraus omnia corrumpit*). Il faut donc veiller à ne pas faire de déclaration qui serait de nature à induire l'immigration, ou l'officier d'immigration, en erreur que cela soit volontaire ou involontaire. Encore une raison d'avoir un avocat en immigration dans votre projet.

Lorsque l'épée de Damoclès de deux ans sera levée, vous serez alors considéré comme étant dans les « petits papiers » de l'administration et habilité à déposer une demande de carte verte de 10 ans. Cette demande doit suivre un formalisme bien particulier avec des demandes documentaires bien précises.

Le visa « Bulletin »

La question du visa bulletin est très complexe et demanderait, à elle seule, un titre entier. Nous allons essayer de la simplifier cette épineuse question pour votre compréhension globale. L'immigration américaine n'attribue pas des visas illimités pour les catégories de visa, sauf dans certains cas bien particuliers. Cela signifie que lorsque la catégorie qui connait l'existence d'un quota voit son quota annuel remplit, les individus n'ayant pas encore leur date de priorité appelée ne pourront pas déposer leur demande de visa.

Ce système connait plusieurs autres complexités qu'il est parfois difficile d'appréhender pour les francophones qui ne sont généralement pas acclimatés à l'idée des quotas dans les demandes de visa. En France, par exemple, les demandes de visa dépendent très généralement de la discrétion des autorités consulaires qui sont soumises au contrôle du juge administratif en erreur manifeste d'appréciation ou en excès de pouvoir. Bien qu'on entende, par ci et là, qu'un *numerus clausus* de fait est instauré, il n'en demeure pas moins que rien ne démontre son existence juridique puisqu'aucun texte n'y fait référence.

Ce visa bulletin entraîne également des confusions lorsque des Français déposent des demandes de cartes vertes fondées sur le travail. En effet, plusieurs demandes de carte verte fondées sur le travail, qui elles-mêmes sont subdivisées en sous-catégories (EB1, EB2 et EB3), sont soumises à la disponibilité de visas émis par le gouvernement américain. Cela permet également de fluidifier l'accès au marché de l'emploi et en maintenant une préférence nationale de fait des emplois au profit des détenteurs de la citoyenneté américaine.

La carte verte (*Green Card*) par la loterie

En guise d'introduction, il est également important d'aborder la question de la carte verte fondée sur la loterie. L'immigration américaine a un programme que l'on nomme le « DVP ». Ce programme permet à toute personne de postuler à l'obtention d'une carte de résidence (carte verte) sur la base d'une loterie conduite chaque année par le gouvernement américain.

Lorsque l'on dépose une telle demande, il faut avoir plusieurs éléments à l'esprit. D'abord, c'est un programme idéal lorsqu'on n'arrive pas à se qualifier sous un quelconque autre visa et, par voie de conséquence, il apparait comme le sauveur personnifié pour un Français souhaitant à tout prix goûter au rêve américain. Ensuite, bien que la demande soit approuvée, il n'est pas impossible que l'immigration américaine revienne sur sa position et décide de ne pas octroyer le bénéfice de la carte verte. Cela dépend généralement conjecture de l'immigration et de l'administration actuellement en place.

Le recours à un avocat spécialisé

Il est vrai que la question de l'immigration aux États-Unis est complexe et sujette à de nombreuses évolutions au cours des années. Le gouvernement en place change constamment les règles, parfois pour les rendre moins absconses, et parfois pour les rendre plus restrictives. Cette pratique engendre de nombreuses déceptions chez certaines personnes qui se heurtent à la difficile réalité du droit américain et de son immigration tenace.

Il faut le dire que le recours à un avocat est fondamental. D'abord, en tant que praticiens, nous savons les pratiques qui sont usuelles au sein de l'immigration. Ensuite, nous savons les pièges à éviter, les documents qui seront acceptables, comment les traductions de documents français fonctionnent et comment en général faire face à l'immigration américaine.

Enfin, le recours à un avocat permet de diminuer substantiellement le stress lié au dépôt de la demande. Donnez vos plus de chances de voir votre projet se concrétiser et faite appel à un conseil qui sera en mesure de vous accompagner et de multiplier les chances de succès pour vous.

TITRE 1. PRESENCE FAMILIALE AUX USA

La présent titre a pour objet de se consacrer à ces familles franco-américaines qui ont pour objet de déménager aux États-Unis et de s'y établir de manière permanente. Cela peut passer par un Français ou une Française qui s'est fiancé(e) avec un ou une américain(e), ou un mariage. L'immigration américaine va plus loin dans son propos en traitant également de la famille dite « nucléaire » puisque des catégories d'immigration sont ouvertes lorsqu'on a des enfants américains, ou lorsque nous avons des frères et sœurs américains.

Toutes ces catégories seront traitées dans le présent titre.

<u>CHAPITRE 1</u>. J'AI UN(E) FIANCE(E) AUX USA

Qu'est-ce qu'un visa de fiancé (K-1) ?

Le scénario le plus commun est celui d'une rencontre à Paris ou à New York. Le coup de foudre, ce fameux qui ne vous arrive qu'une seule fois dans votre vie. Tout d'un coup, on parle de faire sa vie ensemble, de se marier, de fonder une famille avec des agendas entre la France et les États-Unis ce qui rend la relation complexe mais toute aussi excitante. Face à ce tumulte des sentiments, les protagonistes se décident : ils vont se fiancer pour officialiser tout cela.

C'est à cette situation que s'adresse le visa K-1, qui est connu sous le nom visa de fiancé. Il vise à diminuer, autant que faire se peut, la distance géographique entre les époux. Ce visa commence par le dépôt d'une pétition aux États-Unis (Form I-129F). Une fois que ce formulaire est déposé auprès de l'administration, cette dernière peut prendre 3 à 6 mois en moyenne avant de vous répondre : accepter, refuser ou faire des demandes de documents complémentaires.

Une fois cette étape approuvée, vous êtes en mesure de commencer la phase du NVC (*National Visa Center*) qui a la charge d'assurer de la complétude de tous les documents avant de l'envoyer à l'ambassade. Cette phrase prend généralement du temps puisqu'il s'agira d'établir la stabilité financière de celui qui vous sponsorise, tout en établissant votre propre éligibilité au visa (notamment les éléments de nature criminels ou répressif). Lorsque le NVC considère que votre dossier est complet, il l'envoie à l'ambassade des USA à Paris afin qu'elle vous propose une date de rendez-vous pour l'entretien final avant l'apposition du visa. Il faut veiller à bien suivre les instructions sur le site de l'ambassade afin de se conformer à la lettre avec les instructions de l'ambassade : par exemple, avant d'arriver à l'entretien, vous devrez passer un examen médical.

Lorsque l'ambassade vous appose le visa, vous êtes prêt pour aller aux États-Unis et rejoindre votre fiancé(e). Il convient ici de noter que la procédure ne se termine pas ici. Afin d'obtenir votre carte verte, il va falloir sauter le pas et vous marier dans les 90 jours de votre entrée aux USA. Une fois le mariage civil célébré, vous devrez alors déposer un nouveau formulaire (Form I-485) avec l'immigration américaine afin qu'elle émette une détermination finale sur votre cas et l'approuve.

Une fois approuvée, vous recevrez votre carte verte, conditionnelle de deux ans, par courrier postal, ce qui est surprenant pour les Français qui sont habitués à retirer les documents officiels en Mairie ou en Préfecture. Il ne faudra en conséquence pas s'étonner d'un envoi par courrier puisque c'est ainsi que l'immigration américaine procède. Il faut en revanche veiller à avoir une adresse correcte afin d'éviter tout impair dans l'envoi des documents officiels. En tout état de cause, vous devez informer l'immigration dans les 5 jours de votre changement d'adresse.

Comment distinguer entre le visa de fiancé et le visa d'époux ?

La distinction entre ces deux catégories est simple : dans le premier cas, le visa de fiancé, au moment du dépôt du visa à l'ambassade, vous n'êtes pas marié. Vous avez l'intention de vous marier dans les 90 jours de votre entrée aux USA. Dans le second cas, le visa d'époux (plus connu sous l'acronyme CR-1), vous êtes déjà mariés, que ce soit en France ou aux USA. Dans ces circonstances, vous n'allez pas initier le dépôt de votre formalité par le Formulaire I-129F, mais par le Formulaire I-130.

Tout comme en matière de K-1, vous allez devoir patienter que l'immigration approuve le Formulaire I-130. Une fois approuvée, comme pour le visa K-1, le dossier sera envoyé au

National Visa Center, et une fois que le NVC approuve les éléments documentaires liés à votre demande, le dossier sera envoyé à l'ambassade. Une fois à l'ambassade, cette dernière appliquera la doctrine du *first come, first serve*, ce qui peut, *in fine*, prendre du temps.

Quelle est la meilleure solution en termes de temps ?

Nombreux sont les demandeurs qui viennent à notre rencontre au cabinet ou lors des consultations visios et nous demandent quelle est la meilleure solution en termes de temps entre ces deux types de visas ? Est-ce qu'il faudrait davantage passer par le visa de fiancé ou se marier et déposer un CR-1. Cette question a toute son importance dans la mesure où, selon l'option choisie, la séparation physique entre les époux sera plus ou moins longue.

Nous observons, sur une moyenne, sans que cela ne constitue une opinion ferme sur la question, que les visa K-1 sont généralement plus rapide dans leur traitement consulaire. Or, la grande différence réside dans l'arrivée aux USA. Lorsqu'on a visa K-1, il convient encore de se marier puis de déposer une demande de carte verte ce qui peut correspondre à plus de 10 mois d'attente. Or, avec le visa CR-1, votre entrée est garantie et la carte verte vous sera délivrée dans les 5 semaines de votre entrée aux USA. En conséquence, à côté des éléments de temps, il faut également considérer la paperasse que cela peut impliquer.

Qu'est-ce que le visa K-3 ?

Le visa K-3 est un visa non-immigrant conçu pour les conjoints étrangers de citoyens américains qui sont en attente de la finalisation de leur demande de visa d'immigrant (carte verte). Il permet au conjoint de venir aux États-Unis pour vivre temporairement avec le citoyen américain pendant que leur demande de résidence permanente est en cours de traitement.

Une fois que le conjoint est aux États-Unis avec le visa K-3, il peut attendre l'approbation de sa demande de carte verte tout en étant légalement présent dans le pays. Cependant, le visa K-3 est de moins en moins utilisé car, de nos jours, l'USCIS traite généralement les demandes de visa d'immigrant plus rapidement que celles des visas K-3, ce qui rend ce dernier souvent inutile.

CHAPITRE 2. J'AI MON EPOU(X)(SE) AUX USA

Le dépôt d'une demande consulaire

La présence de son époux ou son épouse aux États-Unis peut permettre à son conjoint d'obtenir la carte de résident permanent de deux ans, ou alternativement, de dix ans. Il faut toutefois d'ores et déjà distinguer la personne titulaire d'une carte verte d'une personne titulaire de la nationalité américaine. Si votre époux ou épouse détient la nationalité américaine, alors vous serez en mesure de commencer le processus d'immigration immédiatement. Si votre époux ne dispose que de la carte verte, alors les avantages d'un tel statut sont moins intéressants et bien que vous soyez en mesure de commencer la procédure, vous serez rapidement rappelé par les contraintes annuelles d'émission de visas qui sont prévues par le *Visa Bulletin*[1].

Pour les heureux élus dont l'époux ou l'époux est titulaire de la citoyenneté américaine, il faut désormais poser la question de la location géographique. Si votre époux ou épouse américain(e) réside aux États-Unis alors que vous résidez à l'étranger (dans le cas particulier de cet ouvrage, en France), il faudra alors s'orienter vers une démarche dite consulaire. Pour l'initier, votre époux ou épouse américain(e) va devoir déposer un formulaire I-130 devant l'immigration américaine.

Ce formulaire prend plusieurs mois avant d'être approuvé. Il faudra ensuite attendre que l'immigration américaine transmette votre dossier au centre national des visas (ou *National Visa Center*) afin que ce dernier s'occupe de la partie administrative et financière de votre dossier ; car pour que votre époux ou épouse américain(e) puisse vous faire immigrer aux États-Unis, il faut qu'il remplisse des conditions

[1] Cf. supra, discussion sur le *visa bulletin* en propos introductifs.

de revenus bien particulières[2]. Lorsque le centre national des visas approuve vos dépôts de documents il va réputer le dossier complet et le préparer pour l'envoyer à l'ambassade compétente.

L'ambassade de référence compétente est généralement déjà indiquée par votre époux ou épouse américain(e) dans sa demande initiale I-130 et c'est elle qui va se charger de convoquer votre époux ou épouse afin de lui faire passer un entretien. Au cours de cet entretien, les officiers de l'ambassade ont la charge de déterminer si le mariage qui est présenté dans le dossier est réel et que le consentement des époux est réel. En somme, il est chargé de vérifier que le mariage n'est pas frauduleux.

Plusieurs cas de figures sont possibles à compter de cet instant. Soit, l'officier estime que rien n'empêche la délivrance d'un visa et vous délivre le sésame. La pratique consulaire suppose que le passeport soit gardé pendant une durée d'une ou à deux semaines et le statut de votre demande (DS-260) affichera désormais « approuvé ». Une fois que le visa sera apposé dans le passeport, le statut passera à « *Issued* ». C'est alors que vous pourrez vous rendre à l'endroit indiquer par l'ambassade pour récupérer le document tant convoité. Le deuxième cas de figure concerne l'hypothèse où l'ambassade considère qu'elle n'a pas assez d'éléments pour prendre sa décision et met votre dossier en « *administrative processing* », ce qui est l'équivalent d'une revue administrative du dossier. Ici, il conviendra de prendre son mal en patience et d'attendre la réponse définitive de l'ambassade avant de recevoir, ou non, son visa. Ces situations sont courantes dans le cas de la présence d'un casier judiciaire, par exemple. Enfin, l'ambassade peut également décider de refuser, purement et

---

[2] Ces conditions dépendent principalement du nombre de personne à charge dans le foyer familiale de référence.

simplement, le visa car elle estime que le mariage est frauduleux.

Le dépôt d'une demande d'ajustement de statut

Imaginez un instant la situation. Vous êtes en couple avec un Américain ou une Américaine. Ce dernier, ou cette dernière, décide, lors de votre présence aux États-Unis sous ESTA, de vous faire une proposition et de se marier avec vous. Vous acceptez. Quelques jours après, vous voilà unis par les liens du mariage et vous vous posez la question de votre statut juridique.

Dans ce cas de figure, comme vous êtes entré légalement sur le territoire américain, et que vous avez un ou une époux(se), vous serez en mesure de déposer une demande dite d'ajustement de statut (Formulaire I-485). Ici, la procédure, plutôt que de la faire par la voie consulaire, le droit américain vous autorise, à titre exceptionnel, de le faire directement auprès de l'administration des étrangers aux États-Unis (U.S.C.I.S.). Attention, dans ce de figure également, il vous faudra passer par le Formulaire I-130 pour initier la demande[3]. En parallèle, il vous sera possible de lancer plusieurs autres formulaires afin de demander que votre statut s'ajuste sur place.

La procédure peut prendre plusieurs mois et pendant ce temps, l'époux de nationalité française en attente de sa carte de résident permanent américaine ne peut pas, en théorie, voyager. Il pourra toutefois solliciter une autorisation exceptionnelle de sortie et d'entrée aux États-Unis, tout en apportant les éléments de preuves afin de prouver que le voyage est inévitable. Enfin, il vous sera également possible de demander un numéro de sécurité sociale américain tout comme une autorisation temporaire de travail pendant que

---

[3] Cf. supra sur la demande consulaire.

vous êtes dans le processus de l'obtention de la carte de résident permanent.

Il est à noter que toutes les demandes d'ajustement de statut ne se terminent pas nécessairement bien. Par exemple si vous ne réussissez pas à démontrer à l'immigration américaine que votre mariage n'est pas frauduleux, l'immigration pourra très bien décider de prendre une décision de refus. Dans ce cas de figure il peut apparaître très compliqué de contester une telle décision si vous ne disposez pas de preuves importantes visant à contredire les arguments adoptés par l'immigration américaine. En effet si l'immigration américaine décide d'adopter une décision de refus, elle la motivera de manière détaillée. D'ailleurs avant de rendre une décision de refus, l'immigration américaine envoie une notice qui comprend un titre indiquant que l'immigration à l'intention de refuser votre demande d'ajustement de statut. C'est à cette étape bien précise qu'il faut répondre aux allégations présentées par l'immigration et y ajouter les éléments de preuves nécessaires à établir le bien-fondé de votre demande. Si vous vous retrouvez face à une telle situation, nous ne pouvons que conseiller de vous munir d'un avocat.

Si vous êtes représenté par un avocat, il faudra l'informer minutieusement de tous les détails qui seront fondamentaux afin qu'il puisse déposer les formulaires adéquats pour les demandes particulières liés à votre dossier. Une fois approuvée, votre demande sera alors notifiée à un centre qui va produire votre carte verte et va vous l'envoyer par courrier, d'où l'intérêt d'avoir une adresse toujours à jour dans votre dossier.

Quelle est la meilleure solution en terme de temps ?

Nombreux sont ceux à nous poser la question : entre la demande consulaire et la demande d'ajustement de statut quelle est la solution qui prend le moins de temps ? Pour répondre à cette question, il faut impérativement considérer les situations au cas par cas. Par exemple pour certains couples il serait plus avantageux de déposer une demande d'ajustement de statut puisqu'elle permet de réduire la séparation physique entre les époux mais elle est aussi beaucoup plus pratique (par exemple si le conjoint ou la conjoint veut travailler aux États-Unis).

Dans d'autres cas de figure lorsque le conjoint qui souhaite faire la demande de carte verte travaille en France et dispose d'une situation confortable en France, il ne souhaite pas nécessairement tout de suite déménager aux États-Unis. Dans ce cas bien précis une demande consulaire serait bien plus adaptée aux besoins du couple. Il peut également s'agir d'une personne qui dispose de plusieurs biens en France et qui a besoin pour déménager à titre définitif aux États-Unis de disposer de ces biens. Dans ce cas-là le temps qu'il lui faudra pour pouvoir réaliser les opérations immobilières ne va pas lui permettre de rester bloqué aux États-Unis condition quasi sine qua non d'une demande d'ajustement de statut aux États-Unis. Dans ce dernier cas de figure, la demande consulaire est bien plus adaptée.

Il faut enfin rappeler que la procédure dite normale d'une immigration aux États-Unis se fait par la voie du consulat. L'ajustement de statut est en effet une option qui est offerte et qui est conçu comme exceptionnelle dans le droit américain. Il est donc encouragé de prendre un avocat qualifié avant de prendre une décision sur la voie que vous allez décider d'adopter.

CHAPITRE 3. J'AI UN FRERE OU UNE SŒUR AUX USA

Peut-on sponsoriser son frère ou sa sœur aux États-Unis ?

La première question qu'il convient de se poser et de savoir s'il est possible aux États-Unis d'Amérique de demander un visa pour obtenir une carte verte pour son frère ou sa sœur. La réponse à cette question est affirmative. En effet le code de l'immigration et de la nationalité américain permet au titulaire de la citoyenneté américaine d'initier une demande afin que son frère ou sa sœur puisse venir s'établir aux États-Unis de manière permanente.

Toutefois bien que la réponse soit positive, elle entraîne de multiples relents pratiques. D'abord le nombre de visas pour les Frères et les sœurs des ressortissants américains ne sont pas illimités à la différence des visas pour les époux et les épouses des Américains ou des Américaines. Dans ces circonstances, nous allons devoir nous référer au visa bulletin qui va déterminer le nombre de visas émis par année au bénéfice des frères et sœurs des ressortissants américains.

Comme le nombre de visas est limité, mais que le nombre de demandes déposées pour sponsoriser les frères et sœurs des ressortissants Américains connaît une expansion sans pareil, il existe naturellement une impossibilité administrative et comptable d'honorer toutes les demandes de visa par année en fonction du quota fixé par l'immigration américaine. C'est pour cette raison en particulier que l'on se retrouve à attendre plus de 10 ans avant d'obtenir un rendez-vous à l'ambassade pour le frère ou la sœur d'un ressortissant américain.

Procédure pour sponsoriser un frère ou une sœur aux États-Unis

Comme pour toutes les demandes qui ont une acception familiale, la demande de carte verte pour un frère ou une sœur d'un ressortissant américain commence par le Formulaire I-130. Ce formulaire doit être déposé auprès de l'immigration américaine qui prendra plusieurs mois si ce n'est plusieurs années avant de l'approuver. Cela ne change pas fondamentalement la situation de la personne qui souhaite immigrer en raison de l'incapacité administrative à honorer toutes les demandes de visa.

Ensuite, une fois que cette demande est approuvée, elle est envoyée au centre national des visas qui sera chargé de vérifier la complétude administrative du dossier. Une fois que le centre national des visas aura décider que le dossier est complet administrativement, il le transmettra au consulat qui attendra la disponibilité du visa par rapport à la date de priorité afin de convoquer les protagonistes à un entretien pour un visa immigrant aux États-Unis.

La question qui se pose dans ce cas de figure est de savoir s'il est possible d'ajuster son statut lorsqu'on est frère ou sœur d'un ressortissant américain et que l'on est présent sur le territoire américain. Cette question est complexe puisqu'elle appelle à une analyse duale de la situation des de l'intéressé : Si le frère ou la sœur du ressortissant américain est présent aux États-Unis sous un statut spécifique, Et que la date de priorité arrive à échéance dans le visa bulletin, dans ce cas de figure une demande d'ajustement de statut sera tout à fait possible. Admettons désormais qu'un frère ou une sœur d'un ressortissant américain vient sous un visa de tourisme ou un ESTA aux États-Unis d'Amérique. Il se rend compte qu'il se plaît aux États-Unis et qu'il souhaite y établir sur le long terme. Dans ce dernier cas de figure il sera beaucoup plus compliqué d'ajuster son statut. En effet l'immigration américaine considère qu'elle ne peut accepter qu'un nombre limité de demandes d'ajustement de statut de la part des frères et sœurs d'un ressortissant américain. Dans ce cadre, l'administration américaine suit la même logique que pour l'émission de visa et limite drastiquement le nombre de dépôts possibles d'une demande d'ajustement de statut lorsque la personne que l'on souhaite faire immigrer et le frère ou la sœur d'un ressortissant américain.

En conséquence, une demande d'ajustement de statut apparaît très difficile lorsque l'on regarde les dates qui sont en cours dans le visa bulletin. Enfin, n'oublions pas qu'il convient de maintenir un statut juridique légal aux États-Unis pendant toute la durée du séjour du frère ou de la sœur du ressortissant américain. En effet à la différence des époux et des épouses des ressortissants américains, les frères et sœurs des ressortissants américains sont obligés de maintenir un statut juridique régulier aux États-Unis. En somme, si un époux ou une épouse d'un ressortissant américain demeure aux États-Unis sans statut, ce premier pourra toujours la faculté de régulariser sa situation. Cette possibilité n'est pas offerte aux frères et sœurs d'un ressortissant américain qui sont obligés de maintenir un statut juridique régulier sur le territoire américain pour pouvoir bénéficier de la carte verte sur le fondement d'un frère ou d'une sœur ressortissant américain.

CHAPITRE 4. J'AI UN ENFANT AUX ÉTATS-UNIS

Mon enfant aura-t-il la nationalité américaine ?

Une des questions qui est régulièrement posée et de savoir si la naissance d'un enfant aux États-Unis lui permet de tirer le bénéfice de la citoyenneté américaine. En d'autres termes il s'agit de déterminer si le droit du sol existe aux États-Unis. La réponse est affirmative. En conséquence si deux ressortissants français sont en vacances aux États-Unis et qu'il donne naissance à un enfant aux États-Unis, cet enfant aura la nationalité américaine.

Il est également intéressant de voir que si un couple franco-américain a un enfant en France, il lui est tout à fait possible de transmettre par filiation la nationalité américaine a l'enfant. Il suffit pour cela d'aller à l'ambassade et de faire une déclaration de naissance à l'étranger d'un enfant américain. La seule condition associée à ce type de déclarations et qu'un des parents soit américain. En d'autres termes la nationalité américaine peut produire des effets dévolutifs par voie déclaratoire.

Il est vrai que en tant que français nous n'avons pas l'habitude de ce type de raisonnement puisque le droit du sol n'existe pas en France. Et de ce fait beaucoup de mes clients sont étonnés de voir qu'une naissance à l'étranger peut engendrer la citoyenneté américaine pour un enfant. Il faut garder cela à l'esprit car c'est un bénéfice important que celui de bénéficier de la nationalité américaine. Si les projets dans l'immédiat ne vous poussent pas vers les États-Unis, peut-être qu'un projet futur vous amènera de l'autre côté de l'Atlantique. Dans ce cadre, la nationalité de votre enfant peut jouer un rôle fondamental.

Seul mon enfant est américain, puis-je avoir la nationalité américaine ?

Il pourrait être tentant de penser que la nationalité américaine de votre enfant pourrait contraindre l'immigration américaine à vous délivrer un certificat de citoyenneté américaine ou à tout le moins une carte de résident permanent aux États-Unis. Les choses ne sont pas aussi simples que cela.

Le droit américain ne donne pas la faculté à un enfant mineur de sponsoriser ses parents. Il faudra attendre alors la majorité américaine de l'enfant, c'est-à-dire 21 ans, afin de pouvoir prétendre un quelconque droit associé à la nationalité de votre enfant. Il est toutefois ici utile de préciser que lorsque votre enfant aura atteint l'âge de 21 ans, et qu'il sera décidé à vous sponsoriser, vous ne pourrez bénéficier que d'une carte de résident permanent.

R comme pour les précédentes catégories qui ont été évoquées, cette demande pourra être faite par voie consulaire ou par la voie de l'ajustement de statut. Ici l'ajustement de statut n'est pas lié par une limitation numérique, et le parent d'un enfant américain de plus de 21 ans pourra recevoir une carte verte quand bien même il est resté illégalement sur le territoire américain. Il faut noter que l'illégalité s'entend comme la présence irrégulière sur le territoire américain. Si vous avez commis un crime ou un délit aux États-Unis et que vous demandez un ajustement de statut, il se peut que le bénéfice de la carte verte vous soit refusé au titre des règles applicables.

Si vous disposez d'un casier judiciaire aux États-Unis, il vous sera largement conseillé de vous accompagner d'un avocat lors du dépôt de votre demande. En effet, votre demande pourra être sujette au dépôt d'une demande de pardon (appelée *waiver* aux États-Unis) qui suppose une maîtrise des dispositions légales américaines.

<u>CHAPITRE 5</u>. JE SOUHAITE FAIRE VENIR MES PARENTS AUX ÉTATS-UNIS

Mes parents peuvent-ils bénéficier de la carte verte ?

A la différence des frères et sœurs, les parents d'un ressortissant américain jouissent d'un statut particulier au sein du droit américain. En effet ils sont pratiquement considérés avec les mêmes avantages qu'un époux ou épouse d'un ressortissant américain. Dans ce cadre si les parents sont restés plus longtemps qu'ils n'ont été autorisés de rester sur le territoire américain, l'existence d'une demande d'ajustement de statut aura pour effet de purger l'irrégularité de présence sur le territoire américain.

C'est un avantage fondamental aux États-Unis. Le droit de l'immigration américaine considère que les parents sont des personnes fondamentales dans le cadre d'un foyer familial. Même s'il n'existe pas de droit à la vie privée familiale au sens où on l'entend en France, la portée de l'existence d'un foyer familial et toute aussi fondamental aux États-Unis. C'est à ce titre que les parents bénéficient d'un statut favorable au sein de l'immigration américaine. En somme, si un ressortissant américain souhaite sponsoriser ses parents français, il sera en mesure de le faire soit par la voie consulaire, soit par la voie de l'ajustement de statut.

Comment se passe la procédure d'obtention de la carte verte ?

En pratique la procédure est la même que pour les époux et les épouses d'un ressortissant américain. La demande peut se faire par voie consulaire ou par la voie d'un ajustement de statut. Dans les deux cas de figure, cette demande est initiée par le dépôt d'un Formulaire I-130. Ce formulaire peut prendre plusieurs mois avant d'être approuvé. Lorsque l'on a choisi la voie consulaire, une fois que le Formulaire I-130 est approuvé, le dossier sera envoyé au centre national des visas qui sera en charge de collecter tous les documents afin de déterminer si le dossier est complet administrativement. Une fois que le dossier est réputé complet administrativement, il est naturellement transmis au Consulat afin que ce dernier convoque les intéressés, leur fasse passer un entretien, et détermine s'il convient ou non de leur attribuer un visa. L'ensemble de cette procédure est assez longue et peut prendre plusieurs mois si ce n'est parfois plusieurs années.

S'il s'avère que les parents sont présents aux États-Unis et pendant que leur enfant décide de les sponsoriser, il leur sera alors possible de déposer une demande d'ajustement de statut aux États-Unis. Pour ce faire ils devront déposer le Formulaire I-485 et plusieurs autres formulaires et documents. Une fois leur demande déposée, ils vont recevoir une notice qui confirme que l'immigration américaine a bien reçu leur demande. Ils pourront également déposer concomitamment une demande d'autorisation de travail qui le cas échéant leur sera octroyé pour une période de 5 ans. Cette demande d'autorisation de travail sera caduque dès l'instant où ils deviendront titulaires de la carte verte.

Concernant la carte verte des parents de ressortissants américains, l'immigration américaine peut toujours décider de refuser une telle demande. Le refus est généralement fondé sur le fait que la filiation n'a pas été prouvée par le demandeur ; généralement la filiation est éprouvée par la production d'un acte de naissance qui reprend exactement le nom et le prénom des parents. Si cet acte de naissance apparaît contradictoire ou frauduleux, l'immigration américaine peut décider de ne pas faire suite à cette demande et de notifier les parties de son intention de refuser la demande de carte verte. Pour les cas de fraudes graves, l'immigration américaine peut également demander l'ouverture d'une enquête administrative et judiciaire. Il faut en conséquence être extrêmement prudent dans la production documentaire à l'immigration américaine.

Si l'immigration américaine décide d'accorder la carte verte à vos parents, ces derniers bénéficieront d'une carte de résident permanent de 10 ans. Ils pourront également déposer une demande de nationalité américaine (demande de naturalisation) 5 ans après avoir obtenu leur carte verte.

<u>TITRE 2</u>. L'EXERCICE D'UNE ACTIVITE ECONOMIQUE AUX ÉTATS-UNIS

Le présent titre a pour vocation d'apporter plus de clarté sur l'exercice d'une activité économique aux États-Unis. Il est en effet courant que nos clients nous sollicitent parce qu'il serait intéressé par l'exercice d'une activité professionnelle aux États-Unis. Les attraits d'une activité professionnelle aux États-Unis sont nombreux : salaires importants, marché plus grand, cadre de vie dans certains etc. Il arrive aussi que nos clients se trompent en pensant que le fait d'arriver aux États-Unis sous un statut de touriste et de trouver une activité économique de manière fortuite pourrait permettre de rester aux États-Unis pour pouvoir exercer cette activité économique. Cela est faux. Les États-Unis sont un marché protectionniste comparativement à la France. Les Américains ont tendance à essayer de protéger le marché national et de le conserver d'abord pour les Américains. De ce fait il existe des procédures drastiques avant de pouvoir obtenir une autorisation de travail aux États-Unis.

Dans ces circonstances, la porte d'entrée la plus utilisée par les Français qui souhaitent s'établir aux États-Unis est le visa investisseur. Ce dernier, bien qu'enfermé dans des conditions très précises et limité dans sa flexibilité, Demeure l'outil le plus usité par les Français pour s'établir aux États-Unis. À travers ce titre, nous allons aborder la question du salariat aux États-Unis, des investisseurs aux États-Unis, des talents extraordinaires aux États-Unis ou encore d'une relocalisation ou d'une ouverture d'une antenne française aux États-Unis.

CHAPITRE 1. J'AI UNE OFFRE DE TRAVAIL AUX ÉTATS-UNIS

La différence entre les visas de travail immigrants et les visas de travail non-immigrants

Disons-le très sincèrement, les États-Unis ne facilitent pas les choses pour les visas de travail : l'organisation de leurs visas s'apparente à un véritable « cérémonial chinois », si nous devions emprunter cette formule à Adophe Thiers, ancien Président du Conseil de la sous la IIIème République, qui se plaignait de la complexité administrative de la Constitution.

Pour comprendre les visas de travail aux États-Unis il faut distinguer les visas de sponsor qui offrent le droit à la carte de résident permanent et les visas dits non immigrants. Comme rappelé en introduction les visas non immigrants visent à indiquer à l'administration américaine votre intention de quitter les États-Unis d'Amérique au terme de votre visa. Dit autrement, ces visas ne sont pas octroyés pour que vous résidiez de manière permanente aux États-Unis mais simplement pour occuper un poste, exercez la mission qui vous a été dévolue et, au terme de cette mission, rentrer en France.

Les demandes de sponsors qui offrent la résidence permanente aux États-Unis par le biais de l'exercice d'une activité économique ont une dimension tout à fait différente et bien plus complexe que les visas non immigrants. Il faut noter que les visas non immigrants, en termes de complexité administrative, ne laissent pas non plus à désirer. Nous allons donc tenter de revenir sur chaque catégorie de manière exhaustive afin que vous puissiez avoir une compréhension globale du sujet.

Les visas de travail non-immigrants

Nous allons ici brosser un rapide portrait de quelques visas qui vous offre la possibilité de travailler aux États-Unis. Ces visas sont dits non immigrants c'est-à-dire qu'il vous impose de retourner en France à compter de l'instant ou les conditions de son visa sont soit épuisé ou ne sont plus réunies.

- ***Les visas dits H1-B***

Les visas de catégorie H permettent l'exercice d'une activité salariée aux États-Unis. Ces visas se distingue en deux catégories : (i) ceux qui sont limités par un quota et soumis à une loterie annuelle et (ii) ceux qui ne sont pas soumis à un quota.

Abordons d'abord la question des visas qui sont soumis à un quota annuel. L'immigration américaine limite le nombre de visas de travail délivrer chaque année dans le monde. Cette limitation numérique vise à la fois à contrôler la main-d'œuvre qui entre aux États-Unis, mais également de maintenir une forme de protectionnisme du marché américain. Par conséquent, chaque année, entre les mois de février et d'avril, l'immigration américaine ouvre la possibilité pour les employeurs de déposer des demandes de visas de travail de catégorie H, Pour des salariés qu'ils comptent embaucher.

Si salariés doivent satisfaire un certain nombre de critères : ils doivent disposer d'un certain niveau d'études, et la fiche de description de leur poste doit être suffisamment détaillée afin de correspondre avec la réalité de l'emploi qu'ils vont pourvoir aux États-Unis. S'il existe une quelconque contradiction, le dossier pourra être refusé. La procédure commence par le dépôt d'une demande en ligne de la part de l'employeur qui manifeste son intérêt d'employer un Français aux États-Unis. Entre le mois d'avril et le mois de mai, l'administration américaine procède à une loterie, et si le candidat est sélectionné, l'employeur en est informé.

Lorsque l'employeur est informé du résultat positif de la loterie pour son candidat, il doit déposer un dossier comprenant le Formulaire I-129 et le supplément H. Ce dossier devra répondre à des critères très précis afin d'être approuvé. Si l'immigration américaine apporte une réponse positive à ce dossier, l'employé français pourra commencer son travail au 1er octobre de l'année en cours. Il est à noter que les titulaires d'un master font l'objet d'une loterie séparée des titulaires de diplôme inférieur et bénéficient ainsi d'une chance supérieure d'être sélectionnés dans le cadre d'une loterie.

Prenons le temps désormais de détailler la deuxième catégorie qui sont les visas H mais qui ne sont pas soumis à une obligation de quotas. En d'autres termes, ces visas ont davantage de chances d'être approuvé dans la mesure où ils ne seront pas soumis à la loterie. Pour bénéficier d'une exemption de quotas, il faut que l'employeur soit un organisme caritatif ou un organisme philanthropique, ou un organisme lié au système éducatif. Cela doit répondre à une catégorie très particulière que l'employeur doit être en mesure de démontrer au moment du dépôt de la demande. Si ce critère d'organisme à but non lucratif est considéré comme éligible par l'administration américaine, il suffira alors de déposer la demande d'emploi à travers le formulaire susmentionné.

- ***Le visa J-1***

Un autre moyen fondamental afin de pouvoir exercer une activité aux États-Unis et de passer par un visa J-1 Intern. Le terme *intern* au sens littéral signifie stagiaire. D'ailleurs, ce terme est de plus en plus utilisé en France. Notons que ce visa permet à une personne de faire un stage de deux ans Pour un employeur aux États-Unis. Ce visa est limitatif puisqu'il ne peut pas être renouvelé de manière illimitée. En conséquence les titulaires de ce visa se trouvent très rapidement dans une impasse, puisqu'ils sont dans l'impossibilité de renouveler leur visa mais ont un employeur qui veut les garder dans leur entreprise. Il faut alors faire preuve de suffisamment d'intelligence pour trouver une autre catégorie d'éligibilité.

Il est à noter que le visa J-1 contient de nombreuses sous-catégories. Par exemple, on peut très bien être un professeur et être sous ce visa. On peut tout aussi bien être un chercheur et être sous ce visa. Mais comme il vient de l'être précisé ce visa est limité dans sa portée dans le temps et contraint nécessairement le titulaire du visa à faire preuve d'une imagination sans bornes pour trouver une autre catégorie d'éligibilité au terme de son visa. Cela se traduit assez souvent par un retour à la case départ, et par conséquent un retour en France. Enfin certains visas J-1 contiennent une condition qui impose au titulaire du visa de retourner en France pendant 2 ans. Ici aussi, le titulaire de ce visa devra demander un *J-1 Waiver* soit à l'ambassade de France aux États-Unis soit à l'immigration américaine pour pouvoir au renouveler son visa ou changé de statut.

- ***<u>Le visa O-1</u>***

Le visa O est limitatif par sa portée puisqu'ils ont vocation à ne s'adresser qu'à deux catégories de personnes : Les artistes d'une part, les talents extraordinaires d'autre part. Si une personne à une présence dans les journaux, elle participe un niveau national dans son secteur d'activité, elle est reconnue pour ces talents extraordinaires dans son secteur d'activité, elle est membre d'une association prestigieuse dans le cadre de son activité, elle pourra bénéficier d'un visa de catégorie O. Pour ce faire, elle doit soit démontrer qu'elle dispose d'un employeur prêt à l'embaucher aux États-Unis où qu'elle a de nombreux clients aux États-Unis qui sont prêts à l'embaucher pour ces services. La personne concernée devra apporter la preuve de ses talents extraordinaires, qui subit une appréciation très détaillée de la part de l'immigration américaine. Ici les talents auxquels on se réfère, sont des personnes extrêmement visibles dans leur domaine d'activité.

Cette visibilité ne doit pas être de nature locale mais bien de nature nationale. Par exemple, si la personne qui tente d'obtenir un visa de catégorie O dépose des pièces qui sont des articles de journaux locaux, elle n'a aucune chance d'obtenir ce visa. Il faut impérativement que le journal soit de portée nationale.

La deuxième catégorie de personnes éligible à un visa O sont les artistes reconnus en France. Afin de bénéficier de ce visa, les artistes devront démontrer qu'ils sont connus d'un point de vue national, qu'ils ont participé dans des films ou des séries de portée nationale, qu'ils sont reconnus par les experts du secteur d'activité comme des talents extraordinaires, et qu'un employeur aux États-Unis et prêt à les embaucher. Très souvent dans ce cas de figure, l'employeur est en réalité un agent artistique.

Les sponsors qui offrent le droit à la carte de résident permanent par le travail

- ***La catégorie EB-1***

Si un employeur décide de vous sponsoriser et souhaite vous garder à titre permanent aux États-Unis, il peut vous sponsoriser sous trois catégories appelées EB (*Employment based*). Dans ce cas de figure, l'employeur devra d'abord commencer par regarder votre CV. S'il s'aperçoit que votre CV est important, que vous avez fait l'objet de nombreuses publications, que vous avez écrit des thèses qui ont apporté un changement majeur dans l'industrie dans laquelle vous pratiquez, s'il se rend compte que vous avez participé à des conférences majeures et que vous avez été membre de jury de sélection dans votre domaine d'activité, et s'il s'aperçoit que vous avez gagné des prix qui sont associés à votre domaine d'activité, il pourrait essayer de vous sponsoriser sous la catégorie EB-1.

La catégorie numéro une et considérée comme la meilleure immigration possible aux États-Unis dans toutes les catégories de sponsors par le travail. Elle vise ici à amener aux États-Unis des talents extraordinaires dont les États-Unis ont fondamentalement besoin et qui seraient un atout pour les États-Unis. Ces atouts sont tellement mis en avant par le CV de l'intéressé qu'il n'a même pas besoin de démontrer qu'ils vont dans l'intérêt des États-Unis. En d'autres termes son CV et ses accomplissements parlent d'eux-mêmes. Mon cabinet a déjà obtenu des visas de première catégorie pour des chefs d'entreprise qui ont dirigé des sociétés cotées.

En raison de la nature même des candidats qui demande à obtenir la carte verte sous la catégorie EB-1, le droit américain ne leur impose pas d'avoir un employeur qui est prêt à les sponsoriser. En d'autres termes les candidats à cette carte verte peuvent s'auto-sponsoriser. Notons que, dans ce type de dossiers, il est toujours préférable d'avoir un employeur qui vous sponsorise puisque cela démontre un emploi disponible instantanément dès l'entrée aux États-Unis.

- ***La catégorie EB-2***

Si un employeur américain estime que vous disposez d'un diplôme avancer ou de talents extraordinaires qui, sans être éligible à la première catégorie susmentionnée, sont tout de même assez importantes pour les justifier auprès de l'immigration américaine, peut demander à l'immigration américaine de vous embaucher sur le fondement de la catégorie EB-2.

L'embauche dans cette catégorie se fait en plusieurs étapes. Dans un premier temps l'employeur devra solliciter le ministre du Travail américain afin de certifier votre catégorie d'emploi. Cette démarche suppose que votre employeur fasse publier une offre d'emploi dans un journal américain, et qu'il n'existe pas de protagoniste américain de disponible pour prendre le poste envisager. À ce stade, et lorsque l'ensemble des documents seront transmis au ministre du Travail américain, ce dernier certifiera la catégorie d'emploi. En parallèle de cette certification il faut également obtenir la certification du salaire. Ici le ministre du Travail américain devra confirmer le salaire moyen dans votre catégorie d'emploi. Évidemment votre employeur devra vous offrir un salaire au moins égal au salaire moyen qui a été approuvé par le ministre du Travail américain.

Une fois ces deux formalités réalisées et approuvé par le ministre du Travail américain, votre employeur pourra se tourner vers l'immigration américaine en déposant un Formulaire I-140 qui vise à demander à l'immigration d'approuver votre dossier. Lorsque ce dossier est approuvé, l'ensemble est envoyé au centre national des visas qui sera chargé d'en vérifier la complétude documentaire. Ces derniers réalisaient votre dossier sera envoyé au consulat qui vous convoquera pour l'entretien d'usage. Vous obtiendrez ainsi un visa qui à l'entrée aux États-Unis devra être converti sous forme de carte verte.

Il est précisé que dans cette catégorie, le candidat sera obligé d'avoir un employeur qui est prêt à l'embaucher aux États-Unis et qui est également prêt à faire toutes les démarches nécessaires afin qu'ils puissent obtenir sa résidence permanente aux États-Unis. Il convient également de mentionner qu'il existe, dans la catégorie des cartes vertes de catégorie EB-2, une sous-catégorie bien particulière que l'on appelle le NIW (*National Interest Waiver*).

- ***La catégorie EB-2 dite "NIW"***

La carte verte dite NIW peut être obtenu par un candidat qui démontre non seulement ses aptitudes académiques, pratiques mais également ses publications et ces contributions à son domaine de référence comme étant de nature à bénéficier directement à l'intérêt national des États-Unis. Très souvent, les candidats idéaux pour ce type de carte verte sont les chercheurs. Si un chercheur travaille sur une maladie chronique très présente aux États-Unis par exemple, il sera en mesure de démontrer assez facilement qu'il dispose d'un doctorat dans son domaine de compétence, qu'il a publié plusieurs articles à renommée nationale ou internationale, qu'il a également participé à de nombreuses conférences sur le sujet, et qu'il est dans l'intérêt national des États-Unis de lutter contre cette maladie chronique. Nous venons ainsi de vous présenter un candidat idéal pour une carte verte NIW.

Lorsque vous demandez une carte verte NIW, vous n'êtes pas obligé d'avoir un employeur qui vous sponsorise. En effet, pour cette catégorie bien particulière, il est possible de s'auto-sponsoriser comme dans le cadre d'une demande EB-1. Ce critère a une importance fondamentale puisqu'il permet l'accès au marché de l'emploi américain sans remplir la condition préalable d'un employeur américain prêt à vous accueillir dans son entreprise. Cette carte verte est un outil important de l'immigration américaine puisqu'elle permet Aux Américains d'attraire les talents qui sont en demande au niveau fédéral.

- ***La catégorie EB-3***

La carte verte de catégorie EB-3 s'adresse aux employés qui ont peu de diplômes ou pas de diplôme. En d'autres termes il s'agit d'une catégorie résiduelle par laquelle les employeurs ont besoin de passer s'ils veulent recruter de la main-d'œuvre étrangère. Ici la procédure s'apparente beaucoup à la catégorie générale EB-2. Il faut d'abord faire certifier sa catégorie d'emploi, puis faire certifier son salaire et enfin déposer une demande auprès de l'immigration américaine. Une fois que cette demande a été approuvée, l'ensemble du dossier sera envoyé au centre national des visas qui se chargera de vérifier la complétude administrative du dossier. Une fois que ce dossier sera réputé complet, le centre national des visites à enverra le dossier au consulat qui vous invitera à vous présenter pour l'entretien d'usage dans le cadre de ces demandes de carte verte.

Pour toutes les catégories de cartes vertes par l'emploi (EB-1, 2, 3), il convient de noter qu'il faut prêter attention au visa bulletin puisque le nombre de visas est limité par année. Par conséquent, il peut se passer quelques années avant que votre date d'éligibilité devienne prioritaire. Cette procédure est en conséquence longue, et il faut que le candidat soit accoutumé et suffisamment connaissance des procédures pour ne pas tomber dans la frustration que l'on peut connaître à attendre des réponses de l'administration américaine.

Conclusion

Nous avons ici essayé de brosser le portrait des différentes catégories qui permettait d'entrer aux États-Unis pour y travailler. Comme on peut le voir, ces procédures sont très complexes et nécessite pour la plupart qu'un avocat vous accompagne à travers les méandres de cette procédure. Il est donc conseillé de se faire accompagner d'un conseil qui a pour habitude de traiter ce type de demande.

CHAPITRE 2. JE SUIS UN CHERCHEUR ET J'AI UN OFFRE D'EMPLOI AUX ÉTATS-UNIS

Les chercheurs aux USA

Les chercheurs ont toujours été une profession très prisée aux États-Unis. D'abord parce que ces derniers interviennent dans des domaines très différents et variés, ensuite parce qu'ils peuvent intervenir dans des domaines qui sont stratégiques pour les États-Unis. Prenons l'exemple des nouvelles technologies, Les États-Unis souhaitent maintenir leur rôle de leader sur ce domaine. Pour ce faire ils ont besoin de chercheurs, que ces chercheurs soient nationaux ou internationaux.

C'est précisément afin de répondre à cet objectif que les Américains ont décidé de créer une immigration attractive pour les talents internationaux et les chercheurs. À ce titre ils ont mis en place un certain nombre de critères qui permet de maintenir un haut niveau de recherche scientifique, tout en permettant aux chercheurs disposant d'un CV attrayant de venir aux États-Unis, de bénéficier des conditions sociales et économiques, de bénéficier de l'attraction des salaires, tout en s'y maintenant de manière permanente.

En pratique, nous voyons que la majorité des chercheurs entre aux États-Unis sous la catégorie J-1 (Chercheur en Visite), et se rend compte qu'elle souhaite rester durablement aux États-Unis. Il convient en conséquence de trouver une procédure passerelle, qui leur permet de passer d'un statut J-1 Chercheur en Visite, vers un statut de résident permanent. Lorsque l'université qui les a accueillis et satisfait de leur travail, il apparaît de fait que cette université leur propose une offre d'emploi (laquelle pourrait viser à diriger un laboratoire de recherche, par exemple).

Lorsqu'ils reçoivent cette offre d'emploi, ils sont confrontés au fameux dilemme : comment obtenir la carte verte afin de pouvoir accepter cette offre d'emploi. La meilleure option dont dispose aujourd'hui les chercheurs aux États-Unis et la catégorie EB2 NIW que nous avons déjà abordé plus haut mais que nous allons détailler dans ce chapitre en particulier afin qu'elle puisse bénéficier à toute personne qui se rend directement sur ce chapitre.

L'option la plus intéressante pour les chercheurs : EB2 NIW

Pour pouvoir bénéficier de la carte verte EB2 NIW, il faut remplir un des deux critères initiaux : soit disposé d'un diplôme dit avancé (Master ou Doctorat) ou d'une expérience professionnelle de 5 ans associée au diplôme de License, **ou**, démontrer que vous avez des habilités extraordinaires dans votre domaine de compétence.

Une fois que ce premier critère préalable est rempli, il faut désormais passer au test de l'intérêt national des États-Unis. Pour ce faire il faut satisfaire les trois éléments suivants : (i) le travail que vous proposez doit avoir un mérite important et doit se qualifier comme étant d'importance nationale, (ii) vous devez être très bien positionné afin de pouvoir accomplir le travail que vous proposez et (iii) Quand on met en balance tous les facteurs il apparaît qu'il est dans l'intérêt national des États-Unis de ne pas vous soumettre au régime normal d'obtention d'un travail par le biais de la certification de votre emploi et de votre salaire.

Ces critères ont été posés par une jurisprudence dite *Matter of Dhanasar* en 2016. Ces critères sont fondamentaux afin de pouvoir être éligible à l'intérêt national des États-Unis. Pour obtenir une telle carte verte, il convient de déposer un Formulaire I-140 contenant l'ensemble des éléments qui prouvent votre éligibilité. Une fois que votre éligibilité est établie, et que votre Formulaire I-140 est approuvé par l'administration américaine, il convient simplement de déposer une demande pour la carte verte.

Il est à noter que les restrictions du visa bulletin s'applique dans ce cas de figure. En conséquence il est fort possible que lorsque vous avez obtenu votre I-140 approuvé, votre visa n'est pas disponible. Il conviendra en conséquence d'attendre que votre visa devienne disponible et que vous soyez en mesure de le solliciter auprès de l'immigration américaine. Pour suivre avec exactitude le moment où vous pouvez déposer cette demande de carte verte, il convient de s'accoutumer avec la logique du visa bulletin.

Ces dossiers sont réputés pour ne pas être faciles, l'immigration américaine y plaçant une analyse rigoureuse. Il est donc préférable de passer par un avocat pour déposer ce type de dossier afin de maximiser ses chances de succès.

Les conditions du EB2 NIW

Le visa EB-2 avec National Interest Waiver (NIW) est une catégorie de résidence permanente aux États-Unis qui s'adresse à des étrangers possédant des compétences avancées ou une aptitude exceptionnelle dans leur domaine. Contrairement à d'autres catégories de visas, le NIW permet au demandeur de ne pas avoir besoin d'une offre d'emploi ni de passer par la procédure complexe de certification du travail (PERM). Cela offre une plus grande flexibilité au candidat, qui peut mener ses activités sans être lié à un employeur spécifique. L'objectif de ce visa est de permettre aux États-Unis de bénéficier directement des projets ou des compétences du candidat, qui doivent répondre à un besoin ou à un enjeu national.

Pour être éligible, le candidat doit d'abord satisfaire aux critères du visa EB-2. Cela implique soit d'avoir un diplôme avancé, comme un master, un doctorat, ou l'équivalent (par exemple un bachelor accompagné d'au moins cinq ans d'expérience post-diplôme), soit de démontrer une aptitude exceptionnelle dans un domaine comme les sciences, les arts ou les affaires. Cette aptitude exceptionnelle doit être prouvée par des distinctions, des prix, des publications ou d'autres formes de reconnaissance.

Le National Interest Waiver permet au demandeur d'éviter la certification du travail en montrant que ses activités sont d'une importance nationale pour les États-Unis. Depuis la décision de l'affaire Matter of Dhanasar en 2016, trois critères doivent être satisfaits. Tout d'abord, le projet proposé doit avoir une importance substantielle et un impact national. Cela signifie que les résultats ou les bénéfices du projet doivent toucher au-delà de la seule sphère locale et contribuer à résoudre des enjeux importants pour le pays, comme des recherches médicales, des innovations technologiques ou des avancées dans les énergies renouvelables. Ensuite, le candidat doit prouver qu'il est bien positionné pour mener à bien le projet, en justifiant de qualifications solides telles que des diplômes pertinents, des publications, une expérience professionnelle probante ou des collaborations avec des institutions reconnues. Enfin, il doit démontrer qu'il serait dans l'intérêt des États-Unis de renoncer à l'exigence d'une offre d'emploi et de la certification du travail, car le projet en question apporterait un bénéfice direct et significatif à la société américaine.

Pour étayer sa demande, le candidat doit fournir un ensemble de documents prouvant la pertinence et l'importance de son projet ainsi que ses qualifications personnelles. Ces documents peuvent inclure des lettres de recommandation d'experts dans le domaine, des publications scientifiques, des prix ou distinctions obtenus, ainsi que des preuves de financement ou de collaborations avec des institutions américaines. Ces preuves visent à convaincre les autorités américaines de la qualité du projet et de la capacité du candidat à le mener à bien.

Le NIW présente plusieurs avantages majeurs. Tout d'abord, il n'est pas nécessaire d'avoir un employeur sponsor ou une offre d'emploi, ce qui permet au candidat de travailler de manière indépendante ou dans le cadre de différents projets sans être attaché à une structure particulière. De plus, la procédure est simplifiée puisque le candidat n'a pas besoin de passer par la certification du travail, ce qui peut réduire les délais et les complications administratives. Une fois la carte verte obtenue, le bénéficiaire est libre de changer de poste ou d'activité sans craindre de perdre son statut de résident.

En ce qui concerne les délais de traitement, ceux-ci varient généralement entre 10 et 18 mois selon le centre de traitement en charge du dossier. Toutefois, depuis 2022, il est possible de demander un traitement accéléré, appelé Premium Processing, pour certaines catégories de NIW. Cela permet d'obtenir une réponse plus rapide moyennant des frais supplémentaires.

Le EB-2 NIW est donc une option intéressante pour les professionnels qui ont un projet ou des compétences susceptibles de bénéficier à la société américaine, tout en offrant une grande flexibilité sur le plan professionnel et une voie plus directe vers la résidence permanente.

CHAPITRE 3. JE SOUHAITE INVESTIR AUX ÉTATS-UNIS

L'investissement dans le cadre d'un visa non immigrant (E-2)

Le visa E-2 (investisseur) demeure l'un des meilleurs moyens pour les ressortissants français afin de s'établir aux États-Unis. L'immigration américaine à développer toute une nomenclature juridique concernant les investissements aux États-Unis. Il est évident que les Américains souhaitent que les investissements étrangers continuent à venir au sein des États-Unis enfin notamment d'alimenter le bassin de l'emploi et de permettre aux États-Unis de rester à la pointe des différentes industries dans le monde.

Par conséquent le législateur américain a été obligé de créer un cadre à la fois attractif mais pas non plus trop laxiste afin de permettre aux investisseurs de qualité d'entrée aux États-Unis. Les ressortissants français que vous rencontrerez aux États-Unis ont souvent commencé leur rêve américain à travers un investissement qu'ils ont réalisé aux États-Unis. Ils s'y sont ensuite établis de manière durable et ont pu obtenir la carte verte à travers des procédures qui sont diverses et variées.

Il est à noter que comme la plupart des visas, les visas d'investisseurs connaissent la fameuse dichotomie : visa immigrant et visa non immigrant. Le visa de catégorie E-2 est un visa dit non immigrant, à savoir que le bénéficiaire de ce visa doit retourner en France si son visa n'est pas renouvelé ou qu'il ne dispose pas d'une passerelle afin d'obtenir une carte verte. Le visa de catégorie EB-5 est un investissement qui qualifie la personne pour la carte verte. Toutefois ce dernier est bien plus important que l'investissement réalisé dans le cadre d'un visa E-2 et souffre de conditions bien plus drastiques afin de pouvoir l'obtenir (par exemple, créer a minima 10 emplois aux États-Unis).

Pour pouvoir investir aux États-Unis dans le cadre d'un E-2 (non-immigrant), il faut remplir un certain nombre de critères qui ont été établis par la jurisprudence américaine et par les régulations de l'immigration américaine. À ce titre l'immigration américaine estime que pour être éligible pour un visa de catégorie E-2, le demandeur doit réaliser un investissement substantiel, doit avoir une activité commerciale réelle, doit faire en sorte que son investissement soit à risque et doit préciser quelles sont les missions exactes qu'il va exercer au sein de sa société.

Il est à noter que l'immigration américaine ne définit pas ce qu'elle entend par investissement substantiel. Ce terme a été laissé volontairement très large pour pouvoir s'adapter aux différentes fluctuations de l'économie. Par exemple, en période inflationniste, l'immigration américaine aura une tendance à demander un investissement plus important que pendant une période où l'économie est prospère. Après le COVID, le monde a connu une période d'inflation importante. À ce titre, le montant de l'investissement qui était demandé jadis, n'est plus le même que celui qui est demandé aujourd'hui. Auparavant la pratique démontrait qu'un investissement de 60.000 dollars pouvait permettre de vous qualifier dans le cadre d'un E-2. Cette époque semble toutefois révolue puisque l'investissement moyen depuis le COVID est d'environ 100.000 dollars.

Bien que ce ne soit pas un chiffre gravé dans le marbre, mais plutôt une moyenne que l'on déduit par la pratique, tout investissement plus important entraînera exponentiellement plus de chance d'approbation de la demande de visa.

Il faut également noter que l'immigration américaine va prêter une attention importante au détail de l'activité que vous allez exercer. Ainsi si l'activité que vous allez exercer nécessite une quelconque forme d'autorisation réglementaire, cette autorisation devra être obtenue avant de déposer le dossier de visa. Prenons par exemple, le cas d'un cabinet d'avocats. Si un demandeur de visa E-2 souhaite investir dans un cabinet d'avocats, l'immigration américaine demandera dans un premier temps de démontrer s'il sera en mesure de pratiquer le droit dans l'Etat où il va s'installer. Si la licence n'est pas produite, la demande sera refusée.

Ensuite l'immigration regarde également la nature de cette activité. Il convient que cette activité comporte une dose de risque afin que votre investissement soit lui-même placé sous le joug de ce risque. Beaucoup de clients nous demandent si en se portant acquéreur d'une propriété immobilière à titre personnel, ils pourraient satisfaire la condition d'investissement et par la même occasion obtenir un visa de catégorie E-2. Le simple achat d'une propriété personnelle n'est pas considéré comme un investissement par l'immigration américaine. Cela trouve son explication dans le fait que l'acquisition d'une propriété à des fins personnelles ne soumet pas les fonds que vous investissez à un risque commercial de perte ou de profit.

En revanche, si le bien acquis ne représente qu'un bien parmi tant d'autres et qu'ils seront soumis un gestionnaire de propriété qui va faire de la location de ces biens une activité commerciale, l'investissement pourra se qualifier puisqu'il est soumis à un risque commercial de pertes et profits. Dans ces circonstances, dépendant des autres éléments du dossier, le demandeur pourra obtenir un visa de catégorie E-2.

Si vous êtes marié, votre conjoint va bénéficier également du visa de dépendant de E-2 et à ce titre il sera en mesure d'exercer une activité économique de son côté. Il peut également arriver que certaines activités économiques nécessitent que l'on fasse venir un salarié de l'étranger. Par exemple si un Français veut se lancer dans un concept de boulangerie française, il peut être contraint de faire venir un boulanger de France. Dans ce cas, concomitamment au dépôt d'une demande de visa de catégorie E-2 pour le propriétaire de la boulangerie, il sera possible de déposer un visa E-2 Employé pour le boulanger que le propriétaire souhaite amener avec lui.

La flexibilité d'un tel visa d'investisseur est ce qui permet à de nombreux Français de s'installer aux États-Unis. Les Américains y trouvent également leur compte puisque les investissements réalisés par les Français aux États-Unis permettent de dynamiser le bassin de l'emploi. La complexité de ce type de visa est telle qu'il est très largement conseillé de faire appel à un avocat en immigration afin qu'il puisse vous guider pas-à-pas vers l'obtention de ce visa.

Revue synthétique des conditions du visa E-2

Il convient d'analyser rapidement les conditions liées au visa E-2 :

Le demandeur doit investir ou être en train d'investir une somme considérable dans une entreprise américaine. L'investissement doit être suffisant pour assurer le bon fonctionnement de l'entreprise et présenter un certain niveau de risque financier. Comme rappelé plus haut, le montant de principe est calculé en fonction de plusieurs critères de nature écononomique.

L'investissement doit porter sur une entreprise opérationnelle et légitime, avec une activité commerciale active. L'entreprise ne peut être une simple organisation passive ou spéculative. Ansi, l'entreprise doit réellement avoir une activité commerciale et il est tout à fait possible pour l'investisseur de commencer à consommer son investissement pour se porter acquéreur d'éléments indispensables au fonctionnement de l'entreprise.

Le demandeur doit être citoyen d'un pays ayant un traité d'investissement avec les États-Unis. Les États-Unis ont récemment par exemple signé un traité avec le Qatar. Les

États-Unis mettent à jour constamment les États avec lesquels ils décident de commercer et en conséquence les membres des différentes nationalités devront vérifier s'ils font partie des pays qui ont signé un traité d'investissement avec les États-Unis. Pour la France, c'est le cas. La France est bien signataire d'un traité d'investissement avec les États-Unis.

Le demandeur doit venir aux États-Unis pour diriger ou superviser l'entreprise ou occuper un poste clé nécessitant des qualifications particulières. Les employés peuvent également être éligibles si leur présence est essentielle à l'activité.

Enfin, bien que le visa E-2 soit renouvelable, le demandeur doit démontrer qu'il n'a pas l'intention de s'installer définitivement et qu'il quittera le pays à la fin de son statut de non-immigrant. Il sera toujours également possible en fin de statut e de ou en période de renouvellement ou voire même en cours du statut E-2 de demander un changement de statut.

Les conjoints et enfants du titulaire d'un visa E-2 peuvent également bénéficier du visa et les conjoints peuvent demander une autorisation de travail. Il est important de noter que le processus peut impliquer une demande initiale auprès d'un consulat américain ou une modification du statut via l'USCIS si le demandeur est déjà aux États-Unis

L'investissement et la carte verte (EB-5)

Les investisseurs qui souhaitent mettre de l'argent au capital d'une société peuvent également obtenir une carte verte par le biais de leur investissement. Cette carte verte et sujette à des conditions drastiques mise en place par l'immigration américaine. À titre de contexte, cette carte verte a été mise en place par le congrès américain en 1990 afin de stimuler le bassin de l'emploi américain. Elle vise en effet à obtenir des investissements étrangers aux États-Unis permettant ainsi aux Américains de bénéficier d'un marché de l'emploi foisonnant. Cette carte verte, très attrayante d'un point de vue régime juridique en matière d'immigration, demeure une des cartes vertes les plus complexes à obtenir en raison des conditions à laquelle elle est assujettie.

L'investisseur doit impérativement mettre son argent au sein d'une une nouvelle entreprise commerciale. La notion de nouvelle entreprise commerciale a été définie par les régulations de l'immigration américaine comme : une joint-venture, une entreprise, une société de droit américain, une société holding de droit américain, une entreprise à responsabilité limitée, une entreprise cotée sur un marché en bourse. Cette liste se veut non exhaustive et d'autres structures peuvent se qualifier sous la notion de nouvelle entreprise commerciale.

Du critère de l'investissement dans une nouvelle entreprise commerciale, l'investisseur doit également investir un montant minimum afin de pouvoir se qualifier sous cette catégorie. Avant le 15 mars 2022, le montant de l'investissement minimum était de 1.000.000 de dollars américains et désormais, depuis le 15 mars 2022, le montant de l'investissement minimum est de 1.050.000 dollars américains. Il existe aux États-Unis un concept similaire à celui qui existe en France de ce que l'on appelle les métiers en tension. Les États-Unis ont créé un mappage de zones qui sont en tension. Dans ces zones le bassin de l'emploi est particulièrement en tension et de ce fait le montant de l'investissement est moindre lorsque l'investisseur a pour objectif de redynamiser le bassin de l'emploi dans ces zones en tension. Ainsi dans ces zones en tension le montant de l'investissement avant le 15 mars 2022 était de 500.000 dollars américains alors que depuis le 15 mars 2022 ce montant est porté à 800.000 dollars américains. Il n'est pas impossible que les différentes administrations qui arrivent au pouvoir aux États-Unis modifient ces chiffrages. Il est donc important de toujours se référer au montant le plus actualisé afin de déterminer si son investissement est éligible à la carte verte de catégorie EB-5.

Afin de pouvoir être éligible sous ce visa, vous devrez produire une documentation foisonnante devant l'immigration américaine. En raison du montant qui est impliqué et des implications pratiques de ce visa, il est conseillé de vous munir d'un avocat avant de vous lancer dans un tel investissement. Par ailleurs, il est également conseillé, étant donné le montant de l'investissement, de prévoir dans votre budget une somme qui correspondra aux frais juridiques qui seront dépensés dans le cadre de votre investissement.

Une fois que vos documents sont complets, et que vous êtes prêts à les déposer devant l'immigration américaine, votre avocat devra préparer un Formulaire I-526 Qui sera déposé avec tous les documents auprès de l'immigration américaine. Une fois que ce formulaire est approuvé, vous aurez alors l'option de déposer votre demande soit par le biais d'une démarche consulaire, soit par le biais d'un ajustement de statut si vous vous trouvez déjà aux États-Unis. Il faut noter que si vous êtes un investisseur dans le cadre d'un visa non immigrant de catégorie E-2, et que le montant de votre investissement est égal à 10.050.000 dollars américains il vous sera tout à fait possible de changer de catégorie afin de passer d'un visa non immigrant à une demande de carte verte fondée sur l'investissement.

Cette transition doit intervenir après avoir vérifié un certain nombre de conditions juridiques, et il sera à ce stade opportun pour vous de saisir un avocat ayant l'habitude de traiter ce genre d'affaires.

Enfin il est à noter que lorsque vous demandez un ajustement de statut, la première carte verte qui vous sera octroyée sera conditionnelle. En conséquence, la carte verte sera d'une durée de 2 ans. Il faudra ainsi démontrer que vous remplissez toutes les conditions liées à la catégorie EB-5 au bout de 2 ans afin de pouvoir lever les conditions qui sont imposés sur votre carte verte et bénéficier ainsi d'une carte verte de 10 ans. Il est à noter ici que la discussion sur cette carte verte est d'ordre général et qu'il peut apparaître des concepts pratiques difficile à résoudre lorsque l'on dépose ce type de carte verte.

Revue synthétique des conditions du visa EB-5

Il convient d'analyser rapidement les conditions liées au visa EB-5. Le visa EB-5 est un programme d'investissement destiné aux ressortissants étrangers qui souhaitent obtenir la résidence permanente aux États-Unis en investissant dans des projets économiques et en créant des emplois. Voici les conditions principales du programme :

Ainsi que précisé plus haut, Le montant de l'investissement requis dépend de la localisation du projet. En général, il s'élève à 1 050 000 USD, mais il peut être réduit à 800 000 USD si le projet est situé dans une **zone d'emploi ciblée (Targeted Employment Area, TEA)**, une région à haut taux de chômage ou une zone rurale.

Chaque investissement doit permettre de créer ou de maintenir au moins **10 emplois à temps plein** pour des travailleurs américains ou résidents permanents. Dans le cas d'un investissement via un **Centre Régionnal**, les emplois peuvent être créés directement ou indirectement grâce aux effets économiques du projet.

Les fonds doivent être investis dans une **nouvelle entreprise commerciale** créée après le 29 novembre 1990 ou dans une entreprise existante restructurée ou développée pour accroître sa valeur ou son effectif d'au moins 40 %.

Les investisseurs peuvent choisir d'investir directement dans un projet ou via un **Regional Center** désigné par l'USCIS, ce qui permet de bénéficier de plus de flexibilité en matière de création d'emplois indirects.

L'investissement doit être maintenu pendant toute la durée de l'examen de la demande et jusqu'à l'obtention du statut permanent conditionnel, qui est généralement accordé pour deux ans. En cas d'investissement dans une entreprise en difficulté (troubled business), le programme permet la préservation des emplois existants au lieu d'en créer de nouveaux, à condition que l'entreprise ait subi des pertes substantielles avant l'investissement.

CHAPITRE 4. MON ENTREPRISE SOUHAITE ME RELOCALISER DE LA FRANCE VERS LES ÉTATS-UNIS

La relocation dans le cadre d'un visa aux USA (L-1)

Imaginez un instant cette situation : votre employeur a une entreprise qui marche bien et il souhaite conquérir le marché américain. Il s'avère que pour conquérir ce marché américain il a impérativement besoin d'un salarié qui soit à temps plein aux États-Unis. Il décide à cet instant précis de vous proposer le poste et de vous installer aux États-Unis pendant un certain temps afin de développer l'activité de sa société Outre-Atlantique.

À ce moment précis vous allez vous poser la question de votre statut en termes d'immigration afin de pouvoir réaliser cet objectif. Le droit de l'immigration américain prévoit cette situation et permet à un employeur français qui souhaite développer son activité aux États-Unis de le faire à travers la catégorie de visa L-1. Ce visa se décline sous deux formes : (i) il peut s'agir dans un premier temps de développer une activité qui est déjà présente aux États-Unis (ii) où il peut s'agir de créer une structure qui aura pour objet et but de développer une activité aux États-Unis.

Dans ces deux cas de figure, il faut remplir plusieurs conditions particulières liées à ce type de visa. D'abord, il faut que la société ait une relation avec une entreprise étrangère. En d'autres termes, il faut que la société américaine soit liée avec la société française. Cette relation peut être établie en présentant un organigramme de la structure du groupe d'entreprise, en établissant par exemple que la société américaine est une filiale de la société française, ou qu'elle est une branche de la société française, ou qu'elle est un établissement de la société française. Il faut également établir que la société française exerce une activité aux États-Unis.

L'exercice d'une activité aux États-Unis est défini comme la délivrance de biens ou de services de manière régulière systématique et continue aux États-Unis. Ensuite concernant le salarié qui va être envoyé aux États-Unis par la société française, il convient de s'assurer qu'il est employé de la société française depuis au moins un an et que les fonctions qu'il va exercer aux États-Unis sont des fonctions de manager. Cela suppose que le salarié soit un cadre ou un cadre supérieur de l'entreprise.

Lorsque le salarié que vous avez choisi en votre qualité d'employeur est envoyé pour la première fois aux États-Unis afin d'y développer l'activité de l'entreprise, l'immigration américaine impose les mêmes conditions pour ce qui est du salarié. En revanche en ce qui concerne la société, elle ne pourra pas être en mesure de démontrer l'existence d'une activité aux États-Unis. Toutefois l'immigration américaine demande que vous démontriez que l'emploi est en mesure d'avoir un bail commercial au nom de la société où elle va exercer son activité et il est toujours important de démontrer que vous avez une connaissance exacte de ce que votre salarié va faire aux États-Unis. En d'autres termes, il faut démontrer que le projet n'est pas purement spéculatif. Il faut démontrer que le à mon nouveau projet suit une ligne de conduite qui a été adopté par le Conseil d'administration de votre société par exemple.

Dépôt de la demande

Le dépôt de la demande d'un tel visa se fait soit par la voie consulaire soit par la voie d'un ajustement de statut. Il est à noter que ce type de visa est normalement un visa consulaire. Lorsque l'entreprise a fait le choix de passer par l'immigration américaine plutôt que par le consulat, il lui faudra déposer un Formulaire I-129 avec un supplément L. Ce formulaire une fois déposé auprès de l'immigration américaine fait l'objet d'une instruction et éventuellement d'une approbation. Lorsqu'il est approuvé, le candidat en sera informé.

Si le candidat réside à l'étranger, dans ce cas de figure en France, il pourra alors préparer le dossier pour aller le déposer auprès de l'ambassade des États-Unis à Paris. S'il est actuellement aux États-Unis sous un autre statut, il pourra alors déposer une demande de changement de statut en démontrant qu'il remplit toutes les conditions du visa L. Notons que ce visa connaît de nombreuses spécificités qui ne sont pas abordés dans le cadre du présent ouvrage. Le but de cet ouvrage est de donner une idée générale à un potentiel candidat afin qu'ils puissent comprendre les conditions, les tenants et les aboutissants, d'une éventuelle demande de visa. À partir de l'instant où le projet se concrétise davantage, il est important de se prémunir d'un conseil habitué à traiter ce genre d'affaires. Ce faisant vous allez vous enlever le stress d'une relocation mal faite ou d'une relocation qui subit beaucoup trop d'aléas liés à la nature juridique de votre demande.

Revue synthétique des conditions du visa L-1

Le visa L-1 permet aux entreprises internationales de transférer leurs employés qualifiés aux États-Unis. Il existe deux sous-catégories principales : L-1A pour les dirigeants et cadres supérieurs, et L-1B pour les employés possédant une expertise spécialisée.

Conditions pour le L-1A :

- Le salarié doit avoir occupé un poste de cadre ou de direction pendant au moins une année continue dans les trois années précédant la demande.
- Le poste aux États-Unis doit également être en capacité managériale ou exécutive. Cela inclut la gestion d'une fonction ou d'un personnel significatif de l'entreprise.

- Les entreprises doivent démontrer que le bénéficiaire se concentre principalement sur la gestion stratégique et non sur les tâches opérationnelles quotidiennes.

Conditions pour le L-1B :

- Ce visa est destiné aux employés disposant de compétences spécialisées (connaissances particulières sur l'entreprise, ses produits ou ses procédés).
- Les tâches du salarié doivent nécessiter cette expertise unique, et l'entreprise doit prouver qu'il est difficile de trouver des compétences similaires localement.

Autres exigences :

- L'entreprise étrangère et la filiale ou succursale aux États-Unis doivent maintenir un lien qualifié, tel qu'une relation mère-filiale ou une co-entreprise.
- Les pétitions groupées peuvent être utilisées par les grandes multinationales pour faciliter le processus en regroupant plusieurs demandes L-1, ce qui réduit les délais d'approbation.

Le visa L-1 offre une flexibilité précieuse, permettant une transférabilité des talents à l'international tout en soutenant la croissance des entreprises aux États-Unis. Cependant, les petites structures doivent démontrer leur capacité à soutenir le salarié au niveau managérial, sous peine de rejet de la demande

CHAPITRE 5. JE SUIS UN ARTISTE ET JE SOUHAITE PRATIQUER MON ART AUX USA

Le visa artiste par définition : le O-1B

Le visa O-1B est spécifiquement destiné aux individus ayant démontré une capacité extraordinaire dans le domaine des arts, notamment dans les performances artistiques, la musique, le théâtre, ainsi que dans l'industrie cinématographique et télévisuelle. Pour obtenir ce visa, le candidat doit prouver qu'il a atteint un niveau d'acclamation national ou international, ce qui implique une reconnaissance significative par ses pairs ou par des organisations professionnelles pour ses contributions artistiques.

Les candidats doivent justifier leur éligibilité par divers moyens, tels que la réception de récompenses prestigieuses comme un Academy Award, un Grammy ou d'autres distinctions reconnues dans le milieu artistique. Si le candidat ne peut pas présenter une telle récompense, il doit satisfaire à au moins trois des critères établis par l'agence de l'immigration américaine pour démontrer sa reconnaissance. Parmi ces critères, on retrouve la participation à des productions de renommée où l'artiste a joué un rôle principal ou essentiel. Cela inclut des œuvres de théâtre, des films ou des concerts largement reconnus pour leur excellence.

Un autre aspect important est la reconnaissance commerciale ou critique. Les artistes peuvent prouver leur succès par des résultats commerciaux significatifs ou par des critiques positives dans des publications renommées. Par exemple, un acteur pourrait montrer que ses films ont été largement salués par des critiques dans des journaux ou magazines de prestige. De plus, les candidats peuvent fournir des preuves de la reconnaissance significative de leurs réalisations, telles que des témoignages ou des critiques provenant de personnalités reconnues du secteur.

Le processus de demande de visa O-1B nécessite également un avis consultatif d'un groupe de pairs ou d'une organisation pertinente. Cet avis doit évaluer les qualifications du candidat et confirmer que le travail pour lequel il postule nécessite effectivement les services d'une personne ayant des compétences exceptionnelles.

Procédure pour obtenir le visa O1-B

Pour obtenir un visa O-1B, qui est destiné aux individus ayant une capacité extraordinaire dans le domaine des arts, il est nécessaire de suivre une procédure spécifique. Voici un aperçu des étapes clés du processus :

- Tout d'abord, il est essentiel de constituer un dossier de demande solide qui démontre les qualifications du candidat. Cela inclut la collecte de preuves de reconnaissance nationale ou internationale, telles que des prix prestigieux ou des critiques élogieuses de publications reconnues dans le domaine artistique. Les candidats doivent également préparer des documents qui répondent aux critères d'éligibilité établis par l'USCIS, notamment la démonstration d'une expérience significative dans des productions reconnues ou des contributions importantes à l'industrie.

- Une fois que les documents sont prêts, il est nécessaire de remplir le Formulaire I-129, qui est la pétition pour un travailleur non-immigrant. Ce formulaire doit être soumis par un employeur basé aux États-Unis ou par un agent qui représente l'artiste. Il est crucial que le formulaire soit rempli avec précision et accompagné de tous les documents justificatifs nécessaires.

En parallèle, il faut obtenir un avis consultatif d'un groupe de pairs ou d'une organisation pertinente dans le domaine artistique. Cet avis doit évaluer les qualifications de l'artiste et confirmer que le travail proposé nécessite les compétences d'une personne ayant une capacité extraordinaire.

Une fois le Formulaire I-129 soumis, le candidat devra attendre l'approbation de l'agence de l'immigration amércaine. Si la demande est acceptée, l'étape suivante consiste à demander un visa auprès de l'ambassade ou du consulat des États-Unis dans son pays d'origine. Cette étape peut nécessiter un entretien, où le candidat devra fournir des informations supplémentaires et répondre aux questions sur ses qualifications et son projet de travail aux États-Unis.

Après l'approbation du visa, le candidat pourra entrer aux États-Unis et commencer son travail sous le statut de visa O-1B. Il est évidemment préférable, face à la complexité de l'obtention des visas aux États-Unis, de passer par un avocat spécialisé en la matière.

TITRE 3. LA VIE ETUDIANTE AUX ÉTATS-UNIS

Le présent titre a pour vocation d'aborder la question épineuse des visas étudiants pour les États-Unis. Vu comme un tremplin fondamental pour entrer aux États-Unis, il est toutefois soumis à de nombreuses restrictions et conditions. Il est également contingent de nombreuses zones d'ombres puisque de nombreux potentiel étudiants voient leurs demandes refusées sur des motifs qui ne sont pas toujours très bien assimilés. Enfin, ces visas sont d'une importance fondamentale pour les États-Unis puisque les étudiants étrangers paient des frais de scolarité substantiellement plus élevé que les titulaires de la carte verte ou de la citoyenneté. Il s'agit en conséquence d'une manne financière importante pour le gouvernement.

<u>CHAPITRE 1</u>. LE VISA ETUDIANT DIT « F-1 »

Le visa F-1 et son utilité pratique

Le visa F-1 permet à un étudiant français de pouvoir étudier dans un établissement accrédité américain pendant toute la durée d'un programme déterminé. C'est un des visas les plus utilisés pour entrer aux États-Unis et c'est certainement le visa le plus utilisé par les étudiants souhaitant faire leurs études aux États-Unis. Il existe plusieurs situations dans lequel vous allez avoir besoin d'un visa dit F-1 : si vous souhaitez étudier dans une université, dans un lycée, dans un collège, dans un séminaire, dans un conservatoire, ou dans une quelconque étudiant institution académique ou dans un programme offrant un certificat, parfois même un certificat de langue, dans ce cas il va falloir passer par ce visa.

Avant d'entrer dans le détail de ce type de visa, il convient de préciser que si vous souhaitez faire un programme éducatif de courte durée, qui a davantage une nature récréative qu'un véritable objectif scolaire, dans ce cas le visa de tourisme de classification B devrait suffire. À ce titre vous n'aurez pas besoin de solliciter un visa de catégorie F. Or, si les études que vous projetez aux États-Unis, suppose que vous obteniez un diplôme ou un certificat, il conviendra dans ce cas de solliciter un visa de catégorie F ou M en fonction de la classification.

Afin d'obtenir un visa de catégorie F, il est important de suivre une procédure spécifique. D'abord il conviendra de trouver aux États-Unis une institution approuvé par le département de l'éducation et qui a le label dit *SEVP-approved.* Ce label a été mis en place afin de maintenir une crédibilité des institutions éducatives américaines. Il conviendra ensuite de contacter le bureau des étudiants internationaux de cette université ou de cette institution éducative. Celle-ci vous demandera alors de soumettre un certain nombre de documents comprenant votre projet, votre CV, ainsi que certain nombre d'autres informations pratiques afin de déterminer s'ils sont prêts à vous accepter dans leur programme. Dans l'hypothèse d'une réponse positive, l'institution éducative va vous demander de vous enregistrer avec le SEVIS (*Student and Exchange Visitor Information System*). Vous devrez alors également payer les frais de scolarité qui sont liés à cet enregistrement.

C'est alors que vous allez obtenir le fameux sésame de ce visa de catégorie F que l'on nomme : le Formulaire I-20. Ce formulaire est essentiel afin de vous permettre de continuer votre voyage puisqu'il va vous permettre d'aller à l'ambassade et de solliciter le visa. Si vous êtes marié et que vous avez des enfants, ces derniers devront également s'enregistrer avec le SEVIS et obtenir un Formulaire I-20 séparé.

Une fois ce formulaire obtenu, il conviendra de passer à l'étape consulaire. Toute la partie précédente consistait à obtenir de la part de l'institution éducative américaine l'autorisation de pouvoir suivre un cursus scolaire ou universitaire. Une fois celui-ci obtenu, il convient désormais de passer à l'étape de l'immigration, en soumettant votre projet à l'ambassade américaine. Dans ces circonstances il conviendra de remplir un formulaire DS-160 et de soumettre votre demande à l'ambassade. L'ambassade vous demandera, en fonction du logiciel dont elle dispose, de sélectionner une date de rendez-vous et de vous présenter pour un entretien.

Il est ici précisé, que si vous avez 13 ans où vous avez moins de 13 ans, un entretien n’est généralement pas requis. Si vous avez entre 14 et 79 ans, l'entretien est généralement requis sauf exception lorsque vous demandez un renouvellement dans une catégorie particulière. Pour les personnes de 80 ans et plus, l'entretien n'est généralement pas une obligation. Lors de cet entretien, l'officier consulaire s'assurera de la cohérence de votre projet, confirmera les éléments qui sont contenus dans votre dossier, et déterminera s'il n'existe pas des incohérences entre votre situation personnelle et votre demande de visa (par exemple l'existence d'un casier judiciaire). Il conviendra de garder son calme et de répondre aux questions de manière précise, afin de s'assurer un succès dans le cadre de cet entretien.

Si l'officier consulaire décide de vous accorder le visa, il conservera votre passeport pendant quelques jours et vous recevrez une notification lorsque le visa a été apposé dans votre passeport. Il conviendra alors d'aller le chercher et de voyager aux États-Unis afin de lancer la période correspondant à votre passeport.

Peut-on changer de statut de touriste à étudiant international ?

Une question d'ordre pratique m'est souvent posée : certains français entrent aux États-Unis sous un visa de touristes de catégorie B. Une fois aux États-Unis, ils s'aperçoivent qu'il voudrait suivre un programme éducatif aux États-Unis. Ce changement de statut est tout à fait possible à condition de suivre toutes les procédures nécessaires à ce dernier.

Dans un premier temps, il convient de suivre toutes les étapes que nous avons mentionnées ci-dessus : la recherche de l'université ou de l'établissement scolaire, la discussion avec le bureau des étudiants internationaux, l'enregistrement avec le programme SEVIS et le paiement des frais de scolarité associés à ce programme. Dans cette circonstance bien précise, il n'y aura pas d'entretien avec l'ambassade. Par définition un changement de statut s'opère lorsque vous êtes présent au sein des États-Unis. Il conviendra alors de déposer un formulaire spécifique, qui a pour vocation de changer de statut aux États-Unis. Une fois ce formulaire déposé, vous pouvez attendre plusieurs mois avant qu'une réponse définitive soit apportée. En somme, de l'immigration américaine va avoir pour objectif de regarder si vous remplissez toutes les conditions liées au visa de catégorie F.

Ce qui se passe dans ce cas de figure, c'est qu'en cas de décision favorable, l'immigration américaine va changer la nature de votre I-94. Le I-94 est le document officiel de l'entrée aux États-Unis. En conséquence, il est fondamental qu'à chaque changement de statut ce document officiel soit impacté car il est seul qui établisse la nature et la validité de votre présence aux États-Unis.

Attention toutefois à un élément fondamental : votre intention lors de votre entrée aux États-Unis. L'immigration américaine vérifiera si votre intention était de frauder les procédures consulaires et de venir aux États-Unis afin d'étudier dès le départ mais que vous avez essayé de le faire tout en vous maintenant sous un autre statut. Bien que pratique, le changement de statut est en réalité à double tranchant. La situation préférable et de tout planifier afin d'entrer aux États-Unis avec un visa régulier et un séjour valable. Ce faisant, vous ne serez pas sous les fourches caudines de l'immigration américaine et pourrez, en toute tranquillité, séjourner aux États-Unis avec le titre / visa approprié.

Peut-on travailler aux États-Unis sous le visa F-1 ?

Il faut garder une idée à l'esprit : l'immigration américaine veut s'assurer que vous allez être en mesure de suivre la formation pour laquelle vous avez souscrit. Par ailleurs, cela fait sens: les frais de scolarité sont tels, qu'il n'est pas dans votre intérêt de louper vos cours ou encore de passer votre temps à travailler. C'est la raison pour laquelle, sous le visa F-1, les étudiants étrangers peuvent travailler aux États-Unis, mais les opportunités et restrictions sont strictement encadrées par la réglementation. Le travail autorisé dépend principalement du lieu d'emploi et du moment dans le parcours académique.

Pendant la première année d'études, les étudiants titulaires d'un visa F-1 peuvent uniquement travailler sur le campus, avec une limite de 20 heures par semaine pendant les périodes de cours, et jusqu'à 40 heures par semaine pendant les vacances. Ces emplois peuvent inclure des postes dans les bibliothèques, les cafés, ou d'autres services liés à l'établissement d'enseignement. Ce travail ne nécessite pas d'autorisation supplémentaire, mais doit être approuvé par le *Designated School Official* (DSO) de l'école.

Un *Designated School Official* est une personne désignée par une école ou une université certifiée par le *Student and Exchange Visitor Program* (SEVP) pour gérer les étudiants internationaux titulaires de visas F-1 ou M-1. Le DSO joue un rôle crucial dans l'encadrement administratif et l'accompagnement de ces étudiants, en s'assurant qu'ils respectent les exigences de leur visa tout au long de leur séjour aux États-Unis.

Le DSO est responsable de plusieurs tâches administratives importantes : il enregistre les informations des étudiants dans le SEVIS, un système de suivi géré par le Department of Homeland Security (DHS). Le DSO émet également le Formulaire I-20, que nous avons évoqué ci-dessus et qui est un document indispensable pour demander un visa F-1 ou M-1 et pour obtenir une autorisation de travail, comme l'OPT ou le CPT. En outre, il approuve certains changements dans le parcours académique de l'étudiant, tels que les transferts d'école ou les demandes de réduction de charge de cours en cas de circonstances particulières (par exemple pour des raisons médicales).

Enfin, le DSO est le principal contact des étudiants internationaux pour toutes les questions liées à leur statut de visa, notamment pour les renouvellements, les absences temporaires et les demandes d'extension. Un DSO mal informé ou un non-respect des règles de visa peut entraîner la perte du statut de l'étudiant et compromettre son séjour aux

États-Unis. Il faut donc veiller à bien être entouré mais également à tout vérifier par le truchement d'un avocat le cas échéant.

CHAPITRE 2. LE VISA ETUDIANT DIT « M-1 »

Différence entre le visa F-1 et M-1

Le visa F-1 et le visa M-1 sont tous deux des visas non-immigrants délivrés aux étudiants étrangers, mais ils se distinguent par le type de formation qu'ils couvrent, la flexibilité qu'ils offrent en matière de travail et de transfert, ainsi que la durée du séjour aux États-Unis.

Le visa F-1 est destiné aux étudiants suivant un programme académique ou de langue anglaise dans des institutions certifiées par le SEVP (Student and Exchange Visitor Program). Ces institutions peuvent inclure des universités, des collèges, des lycées, ou des programmes spécialisés en langue anglaise. En revanche, le visa M-1 est réservé aux étudiants qui souhaitent participer à des formations techniques ou professionnelles, comme des écoles de métiers, des formations en aviation ou en arts appliqués.

Concernant l'emploi, le visa F-1 offre plus de flexibilité. Après leur première année académique, les étudiants peuvent postuler à un travail sur le campus ou à des programmes d'entraînement pratique, tels que le Curricular Practical Training (CPT) ou l'Optional Practical Training (OPT). Ces programmes permettent aux étudiants d'acquérir une expérience professionnelle directement liée à leur domaine d'études. En outre, les détenteurs de visas F-1 diplômés de programmes STEM (Science, Technology, Engineering, Mathematics) peuvent bénéficier d'une extension supplémentaire de 24 mois pour l'OPT. En revanche, le visa M-1 n'autorise pas de telles opportunités de travail pendant la durée du programme, et l'expérience professionnelle est uniquement accessible après l'achèvement des études, sous forme de stage pratique nécessitant une autorisation spécifique de l'immigration étatsunienne.

La durée de séjour varie également entre les deux types de visas. Le visa F-1 est valide pour toute la durée du programme d'études, avec une extension possible si l'étudiant a des besoins académiques ou médicaux justifiés. Les étudiants peuvent également bénéficier d'une période de grâce de 60 jours après la fin du programme pour organiser leur départ ou demander un changement de statut. En revanche, le visa M-1 a une durée initiale plus courte, limitée à une année, avec des extensions possibles, mais la durée totale du séjour ne peut dépasser trois ans. De plus, les étudiants M-1 doivent impérativement rentrer dans leur pays à la fin de leur programme.

Les possibilités de transfert d'école ou de changement de programme sont également plus souples pour les détenteurs d'un visa F-1. Le SEVIS (Student and Exchange Visitor Information System) permet d'enregistrer facilement les transferts d'une école à une autre. Cependant, avec un visa M-1, les transferts ne sont autorisés que dans des conditions particulières, telles qu'une incapacité à poursuivre les études dans l'institution d'origine, et uniquement au cours des six premiers mois du programme.

Période de grâce en fin de statut

Les titulaires d'un visa M-1 disposent d'une période de grâce de 30 jours à la fin de leur programme de formation pour quitter les États-Unis. Cette période est conçue pour leur permettre de préparer leur retour dans leur pays d'origine ou d'organiser les aspects administratifs de leur départ. Cependant, pendant cette période, ils ne sont pas autorisés à continuer leur formation ou à travailler sur le territoire américain. Toute activité professionnelle ou scolaire après la fin officielle du programme pourrait entraîner une violation du statut de visa.

Il est également important de noter que si un étudiant M-1 décide d'interrompre son programme avant la fin prévue, ou s'il est contraint de le faire pour une raison quelconque, il doit immédiatement informer son DSO. Dans ce cas, la période de grâce de 30 jours s'applique à compter de la date de l'interruption du programme, et non de la date initialement prévue pour la fin des études. Si l'étudiant ne respecte pas cette obligation et reste au-delà de cette période, il risque d'être considéré en situation irrégulière, ce qui pourrait affecter ses futures demandes de visas ou d'entrée aux États-Unis.

Par ailleurs, contrairement aux étudiants F-1, les détenteurs de visa M-1 ne bénéficient pas de programmes tels que l'OPT (Optional Practical Training) qui leur permettraient de rester et travailler temporairement après la fin de leurs études. Une fois la période de 30 jours écoulée, l'étudiant doit quitter le pays ou engager des démarches de changement de statut s'il souhaite rester légalement.

CHAPITRE 3. L'AUTORISATION D'EXERCER UNE ACTIVITÉ PENDANT LA PÉRIODE DITE DE « OPT »

Qu'est-ce que l'OPT ?

L'Optional Practical Training (OPT) est un programme qui permet aux étudiants internationaux sous visa F-1 d'obtenir une expérience professionnelle aux États-Unis dans un domaine directement lié à leur parcours académique. Le programme a été conçu pour compléter la formation théorique en offrant une expérience pratique sur le marché du travail américain.

L'OPT peut être utilisé à deux moments : avant l'obtention du diplôme, sous la forme de "pre-completion OPT", et après la fin des études, sous la forme de "post-completion OPT". Avant l'obtention du diplôme, les étudiants sont autorisés à travailler jusqu'à 20 heures par semaine lorsque les cours sont en session et à temps plein pendant les périodes de vacances. Après la fin des études, ils peuvent travailler à temps plein pendant une période pouvant aller jusqu'à 12 mois. Si l'étudiant opte pour une partie de l'OPT avant le diplôme, la durée totale d'OPT disponible reste limitée à 12 mois.

Pour les étudiants diplômés de programmes en sciences, technologies, ingénierie ou mathématiques (STEM), une extension de 24 mois est disponible, portant ainsi la durée totale à 36 mois. Pour bénéficier de cette extension, l'étudiant doit être employé par une entreprise inscrite dans le programme *E-Verify*, qui permet aux employeurs de vérifier le droit au travail de leurs employés.

L'obtention de l'autorisation de travail nécessite le dépôt du Formulaire I-765 auprès de l'agence américaine chargée de la gestion des visas. Une fois approuvé, l'étudiant reçoit un Employment Authorization Document (EAD). Aucune activité professionnelle ne peut commencer avant la réception de ce document et avant la date spécifiée sur l'autorisation.

Pendant l'OPT, les étudiants doivent veiller à respecter certaines obligations sous peine de perdre leur statut. Ils ne peuvent rester sans emploi pendant plus de 90 jours après la fin de leurs études. Ce délai est étendu à 150 jours pour ceux qui bénéficient de l'extension STEM. Ils doivent également signaler à leur Designated School Official (DSO) tout changement d'employeur ou de statut au cours de cette période. Le programme OPT leur permet d'acquérir une expérience professionnelle précieuse tout en facilitant la transition vers une carrière future, soit aux États-Unis, soit dans leur pays d'origine

Qu'est-ce que le CPT ?

Le Curricular Practical Training (CPT) est une autorisation de travail offerte aux étudiants internationaux sous visa F-1, leur permettant d'acquérir une expérience professionnelle directement liée à leur programme d'études. Contrairement à l'OPT (Optional Practical Training), le CPT est intégré au cursus académique et doit faire partie d'un programme reconnu par l'établissement d'enseignement, comme un stage obligatoire, un travail coopératif, ou une formation pratique structurée.

L'étudiant peut commencer à travailler sous CPT uniquement après l'approbation de son DSO, qui émet une mise à jour du Formulaire I-20 indiquant la nature de l'emploi, les dates de début et de fin, ainsi que l'employeur. Le travail peut être à temps partiel (jusqu'à 20 heures par semaine) pendant les périodes de cours, ou à temps plein pendant les vacances académiques. Il est important de noter que si un étudiant utilise plus de 12 mois de CPT à temps plein, il devient inéligible pour le Post-completion OPT.

Contrairement à l'OPT, qui peut être utilisé avant ou après la fin du programme académique, le CPT est accessible uniquement avant la fin des études et doit être complété pendant la durée du programme académique. Il est également limité à un emploi spécifique et approuvé à l'avance par le DSO ; tout changement d'employeur ou de nature de l'emploi nécessite une nouvelle autorisation. De plus, les étudiants doivent avoir suivi au moins un an d'études à temps plein dans une institution certifiée SEVP avant d'être éligibles au CPT, sauf dans certains cas pour les programmes de cycles supérieurs exigeant une participation immédiate à une formation pratique.

Le CPT est conçu pour offrir aux étudiants l'opportunité de compléter leur formation académique par une expérience professionnelle concrète. Cependant, l'employeur et le poste doivent être en lien direct avec le domaine d'études, et l'emploi ne peut se poursuivre une fois que l'étudiant a terminé son programme académique.

<u>TITRE 4</u>. L'ARRIVÉE AUX ÉTATS-UNIS

Le présent titre a pour vocation d'aborder la question de l'arrivée aux États-Unis. Cette arrivée peut être associée à un stress puisque vous allez entamer une nouvelle vie et que beaucoup d'amis vous ont raconté leur histoire, leur installation aux États-Unis. Certains de nature pessimiste vous auront informé qu'il faut faire attention à la frontière puisqu'on peut se voir raccompagner en France si jamais on ne répond pas d'une telle ou telle manière. D'autres, plus optimistes, vous diront que tout se passe bien, et qu'il n'y a pas lieu de s'inquiéter outre mesure. Il faut ici garder une mesure équilibrée des enjeux auxquels on pourrait faire face lorsque l'on arrive aux États-Unis. S'il n'y a pas lieu de s'inquiéter outre mesure, il n'y a pas non plus d'intérêt à y aller de manière laxiste.

En conséquence, votre arrivée aux États-Unis doit être préparée, revue avec votre avocat ou avec la personne qui vous accompagne dans le cadre de ce processus de relocation. Ce titre aura pour vocation d'aborder plusieurs éléments qui sont généralement problématiques lorsque l'on arrive aux États-Unis ou avant d'arriver aux États-Unis. Par exemple, l'existence d'un casier judiciaire ou encore la présence illégale sur le territoire américain. Ces 2 éléments peuvent avoir une influence majeure sur le cours de votre statut migratoire aux États-Unis. Nous allons aborder tous ces éléments afin de pouvoir diminuer les aléas au maximum dans le cadre de votre immigration aux États-Unis.

CHAPITRE 1. VAINCRE LA PEUR DE L'ENTRETIEN A LA FRONTIÈRE

Garder son calme

La première crainte d'une personne qui s'expatrie aux États-Unis est le fameux entretien à la frontière. Les candidats craignent d'être refusés ou ont une conception beaucoup trop « française » des entretiens à la frontière. Quand on parle de conception française, on vise ici particulièrement les déclarations qui sont faites à la police aux frontières américaines. Il faut noter que les déclarations orales que l'on fait à la police aux frontières françaises doivent être consignées dans un procès-verbal avant d'être utilisées contre la personne souhaitant passer la frontière. En conséquence, les déclarations que vous faites devant la police aux frontières françaises ne visent qu'à s'assurer de la cohérence globale de votre demande d'entrée en France.

Les déclarations que vous faites devant la police aux frontières américaines ont une connotation duale : elle vise évidemment à s'assurer de la cohérence globale de votre demande d'entrée aux États-Unis, mais elles sont également considérées comme étant des « *statements* ». Ces derniers sont utilisés comme moyen de preuves contre vous dans le cadre d'une procédure d'éloignement qui pourrait être mise en œuvre à votre endroit. Il faut donc veiller aux différentes déclarations que vous allez faire à la police aux frontières américaines.

Il existe un principe clair qui peut permettre d'éviter plusieurs problématiques juridiques : le principe de vérité. Au titre de ce principe, il convient de dire toute la vérité à un officier de l'immigration américaine, mais si vous vous rendez compte que la question pourrait poser davantage de difficultés, il convient de répondre que vous n'avez pas la réponse à la question. Dans cette situation, bien qu'un étranger demandant son admission aux États-Unis n'ait pas de droit au silence, vous allez éviter des conséquences en cascade et faire en sorte que le Conseil qui va prendre la représentation de l'affaire sera en mesure de vous défendre de manière appropriée.

Notre expérience nous démontre également que la majorité des cas qui donnent lieu à une inspection plus approfondie à la frontière sont liés à des explications confuses, un stress irrationnel ou encore a une volonté de se présenter comme plus intelligent que tout le monde et quelqu'un qui connaît ses droits. Il faut garder à l'esprit que lorsque l'on se présente aux frontières il convient de garder son calme, de répondre poliment aux questions qui sont posées, et il convient d'y répondre de manière logique et rationnelle. En quelque sorte, il convient de garder son calme.

L'inspection détaillée avec un officier aux frontières américaines

Il peut arriver, de manière aléatoire ou en raison des réponses que vous donnez à un officier aux frontières, que ce dernier décide de mener une investigation un peu plus poussée de votre situation juridique. Dans ce cas de figure, l'officier va, très généralement, vous demandez de vous transporter dans une pièce annexe. Dans cette pièce annexe, l'officier va d'abord inspecter vos bagages afin de déterminer s'il existe une incohérence entre le contenu ou le nombre de bagages par rapport à la nature de votre visa.

Ensuite, si aucune contradiction n'en ressort, l'officier peut décider soit de vous laisser entrer aux États-Unis, ou de continuer son enquête. S'il décide de continuer son enquête, l'officier va vous poser davantage de questions sur la localisation exacte où vous allez vivre aux États-Unis, qui est votre point de contact aux États-Unis et quelle est la raison de votre séjour aux États-Unis. S'il y décèle une quelconque contradiction, Il vous indiquera qu'il va vous poser des questions dans le cadre d'un procès-verbal sous serment.

Lorsqu'on est dans cette situation, il y a 3 chances sur 4 que cela aboutisse par une demande d'abandonner votre demande d'admission aux États-Unis. L'intérêt d'abandonner une demande d'entrée aux États-Unis est de ne pas avoir un dossier de reconduite aux frontières ouvert avant votre nom. Cela vous permettra également d'aller à l'ambassade des États-Unis en France afin de demander un visa, de déclarer l'incident qui s'est passé aux États-Unis, et d'argumenter une demande visant à vous permettre de rentrer aux États-Unis (*Waiver*).

Les demandes de *waiver* est nombreuses et entraîne de nombreuses confusions en fonction de votre présence aux États-Unis ou à l'étranger, de la nature de ce que vous demandez à être pardonné et de la nature du visa que vous allez solliciter. C'est la raison pour laquelle il est conseillé de passer par un conseil juridique afin de déposer une demande de *waiver*.

Parfois l'officier aux frontières va considérer que les raisons sous-jacentes qui le poussent à adopter une décision de reconduite en France sont telles que l'abandon d'une demande d'entrée aux États-Unis n'est pas la sanction appropriée. L'officier va considérer que votre comportement a été tel qu'il justifie une sanction bien plus importante. Dans ce cas, l'officier aux frontières va décider de vous placer sous le statut de reconduit à la frontière (*removal*). Ici les choses sont beaucoup plus complexes puisque vous allez devoir vous présenter devant le juge de l'immigration afin de défendre votre cas.

Typiquement cette situation pourrait se présenter si vous étiez titulaire d'une carte verte et que vous êtes resté plus de 6 mois en dehors des États-Unis. Lors de votre entrée aux États-Unis, l'officier aux frontières américaines pourrait considérer que vous avez abandonné les droits associés à votre carte verte. Dans ce cas de figure, il devra vous placer sous le statut de reconduite à la frontière et il lui sera loisible de décider s'il vous laisse partir en vous remettant une convocation devant le juge de l'immigration (*Notice to Appear*). Si vous avez reçu une telle convocation, il convient de saisir un avocat de suite afin qu'ils puissent représenter vos intérêts.

Dans la plupart des cas, tout se passe bien

Ces scénarios que l'on vient de présenter sont des cas exceptionnels. En effet, dans la plupart des cas l'admission aux États-Unis se passe bien. Encore une fois, il suffit de garder son calme, d'avoir des propos cohérents, et de ne pas faire montre d'impolitesse vis-à-vis de l'officier qui vous pose des questions par rapport à votre entrée aux États-Unis. N'oubliez pas que les officiers aux frontières sont des personnes comme toutes les autres, et qu'elles agissent dans le cadre professionnel, et dans le cadre des pouvoirs qui leur sont dévolus par les lois fédérales américaines.

À ce titre, il convient de les respecter et de maintenir sa composition tant physique que morale. Si vous faites l'objet d'une inspection plus poussée, comme elle vient de l'être évoquée dans le paragraphe au-dessus, ces mêmes principes s'appliquent. Il faut maintenir son calme et essayer de répondre aux questions le plus honnêtement possible. N'oubliez pas que toute forme de réponse malhonnête va être qualifiée de fraude par les officiers américains. Et si l'on suit l'adage en droit français, *fraus omnia corrumpit* (la fraude corrompt le tout), une déclaration frauduleuse aura tendance à entacher la totalité de votre dossier et de votre demande d'entrée aux États-Unis.

CHAPITRE 2. LE CASIER JUDICIAIRE COMME ÉLÉMENT COMPROMETTANT LE VISA

La présence d'un casier judiciaire

Beaucoup de demandeurs de visa se posent la question de savoir s'il convient de notifier à l'ambassade la présence d'un casier judiciaire. La raison pour laquelle cette question vient à l'esprit est parce qu'on n'est pas sûr de savoir à quel casier judiciaire l'ambassade a accès. En réalité cette information n'est donnée nulle part : nous ne pouvons pas savoir à quel casier judiciaire l'ambassade a accès. Ce que nous savons toutefois, c'est qu'il existe une coopération policière et judiciaire entre la France et les États-Unis.

De ce fait, le partage d'informations de nature criminelle ou délictuelle est constant entre ces deux pays. Par ailleurs, lorsque l'on remplit une demande d'entrée aux États-Unis (soit à travers un DS-160 ou un DS-260), il y existe une question de nature générale sur l'existence de la commission d'un crime ou d'un délit en France. Dans ce cadre il convient de répondre de manière très honnête et d'indiquer à l'administration américaine s'il existe un délit.

La question se pose de savoir si la présence d'un délit entraîne automatiquement le rejet de la demande de visa. La réponse n'est pas aussi simple. L'administration américaine ne va pas automatiquement rejeter votre demande de visa. En revanche, elle va vous demander beaucoup plus d'informations sur le délit ou le crime qui a été commis. Généralement, l'administration américaine a en hantise deux types de délits : les délits qui attaquent votre caractère moral et les délits aggravés. Par exemple, un délit de fraude attaque votre caractère moral et, en tant que tel, il sera une barrière à l'obtention de votre visa. Toutefois, si le délit suffisamment ancien et que vous avez des éléments permettant d'atténuer les conséquences pénales de la condamnation dans votre dossier (vous étiez mineur au moment des faits par exemple), il est possible que l'immigration américaine considère favorablement une demande d'entrée aux États-Unis. Un autre exemple consiste en l'existence dans votre casier judiciaire du délit de violence aggravée. Un tel délit est considéré, par les Américains, comme un *aggravated felony* et de ce fait ne va pas vous permettre d'entrer aux États-Unis. Ici encore, mais de manière bien plus restrictive, s'il existe des conditions atténuantes, l'administration peut considérer qu'il convient de vous délivrer un visa.

Le *administrative processing* suite à l'existence d'un casier

Il arrive très fréquemment que l'ambassade américaine décide de placer votre dossier sous instruction administrative en raison de l'existence d'un casier judiciaire. Ce casier judiciaire on peut très bien avoir été volontairement mis dans votre application par vos soins ou découvert dans le cadre d'une instruction par l'officier de l'immigration au consulat. Dans les deux cas, attendez-vous à ce que votre demande prenne beaucoup de temps avant d'être finalement décidée.

Parfois les conditions dans lesquelles l'administration américaine a eu connaissance du casier judiciaire où la nature des condamnations figurant au casier judiciaire est tel que le consulat ne peut pas prendre une décision à lui tout seul. Il est contraint dans ce cas de sursaut à statuer sur la demande et de transmettre cette dernière au département de la sécurité d'état américain qui prendra une décision et la communiqua à titre d'avis au consulat. Le consulat prendra sa décision finale sur avis du département de la sécurité d'état américain. Cette transmission au département d'État entraîne des délais substantiels dans le traitement de votre dossier et dans ce cas de figure il faudra attendre plusieurs mois avant qu'une détermination finale puisse être opérée sur votre demande de visa.

Le relevé du B2 et sa communication

Une autre question que de nombreux clients de notre cabinet nous posent est liée à l'importance de divulguer un casier judiciaire qui a fait l'objet d'un relevé du B2 par un tribunal français. Le relevé du B2 signifie que le tribunal vous a bien condamné, mais qu'il a décidé pour des raisons d'appréciation qui lui sont propres de ne pas faire figurer la condamnation dans votre casier judiciaire. Généralement, seul le casier judiciaire B2 est accessible au public. De ce fait il pourrait paraître tentant de ne pas mentionner les condamnations judiciaires qui ont fait l'objet d'un relevé de B2.

Or, la pratique nous a montré que le gouvernement américain peut parfois avoir accès à des condamnations qui ne sont pas inscrites dans le B2. Dans ce cas on se retrouve dans une situation conflictuelle où nous n'avons pas déclaré un crime ou un délit, mais l'ambassade en a connaissance. Il existe alors une présomption de fraude, que celle-ci soit volontaire ou involontaire, sur le dossier qu'il est difficile de combattre. Dans la pratique, il convient de mentionner les condamnations qui ont fait l'objet d'un relevé de B2 et d'argumenter votre éligibilité à un visa nonobstant l'existence de votre condamnation.

CHAPITRE 3. LA PRÉSENCE SANS STATUT AUX ÉTATS-UNIS

La présence sans statut, qu'est-ce que c'est ?

La présence aux États-Unis sans statut peut entraîner des conséquences dramatiques et il convient ici d'en aborder la question. Les Américains considèrent que la présence en dehors des permissions autorisées par la loi constitue un délit majeur de nature à entraîner une interdiction de retour sur le territoire américain. Il faut ici distinguer deux types de situations que l'on va aborder dans le cadre du présent chapitre.

La première situation, il vise la personne qui s'est maintenue sur le territoire américain sans statut pendant une durée qui va de 180 jours à un an. Dans ce cas de figure bien particulier, l'individu qui s'est maintenu sur le territoire américain aura une interdiction de retourner sur le territoire américain de 3 ans. Si vous vous êtes maintenu au-delà d'un an sur le territoire américain sans statut, la conséquence est une interdiction sur le territoire américain de 10 ans.

Il est ici précisé que plusieurs catégories de personnes sont exemptées de conséquences lorsqu'ils sont restés ou qu'ils se sont maintenus sur le territoire américain pendant une certaine durée. En effet, le droit de l'immigration américain prévoit que les demandeurs d'asile, les mineurs, les personnes bénéficiaires de l'unité familiale, les époux et les enfants ayant fait l'objet de violences physiques, où les personnes ayant été victimes de forme sévère de trafic d'êtres humains ne sont pas concernées par les règles d'interdiction de retour sur le territoire s'il se maintiennent au-delà de leur visa sur le territoire américain.

Si vous n'entrez pas dans ces catégories et que vous êtes toujours présent aux États-Unis sans autorisation d'y demeurer, et que vous souhaitez pour une raison qui est propre à votre situation demander une régularisation sur le territoire américain, il conviendra de déposer un *waiver*. Généralement, ces *waiver* prennent de 2 à 4 ans avant d'être approuvés en raison de l'importance du nombre de ces derniers au sein de l'administration américaine. Il faut donc garder à l'esprit que, dans l'hypothèse d'une présence illégale sur le territoire américain, une régularisation pourra prendre de nombreuses années.

Mais quid de la situation où la personne et rester illégalement sur le territoire américain pendant un certain nombre de mois, mais qu'elle est rentrée en France ? Dans ce cas-là, lorsque vous allez essayer de rentrer sur le territoire américain, cette entrée vous sera refusée au regard de la présence antérieure illégale sur le territoire américain. Il est très certain que votre ESTA sera refusé par la même occasion.

Dans une telle situation, vous n'avez pas d'autre choix que de déposer une demande de visa auprès de l'autorité consulaire compétente. Dans ce cas de figure, il s'agira de l'ambassade des États-Unis à Paris. Il conviendra non seulement de déposer une demande de visa qui correspond à votre situation, mais également d'argumenter de manière logique et intelligible les raisons qui vous ont poussé à rester sur le territoire américain de manière illégale. Il conviendra également de démontrer à l'administration américaine que vous avez pris des mesures afin que cette situation ne se reproduise pas.

Vous tombez ici dans un domaine qui est éminemment discrétionnaire à l'administration américaine. L'approbation ou le refus de vous approuver un visa suit quasiment la doctrine du fait du prince, qui octroie à l'administration consulaire américaine toute latitude afin de refuser ou d'admettre votre entrée aux États-Unis. Il n'existe pas réellement de recours en appel face à un refus et vous serez donc soumis à une frustration grandissante étant donné que vous serez bloqué au niveau consulaire.

La seule manière de débloquer la situation et de déposer un mémoire comprenant les arguments en fait et en droit devant l'ambassade américaine en même temps que le dépôt de votre demande de visa. Si malgré ce dépôt le visa est toujours refusé, seul le temps pourra être votre allié puisqu'il conviendra de déposer un nouveau dossier en attendant quelques années ou quelques mois, dépendant de la situation dans laquelle vous vous trouvez.

En conclusion, être présent sur le territoire américain de manière non d'autorité peut avoir des conséquences majeures et drastiques. Il convient d'éviter les situations dans lesquelles vous retrouveriez dépassé le temps de présence autorisée aux États-Unis.

Quid de l'époux ou l'épouse d'un ressortissant américain ?

Il existe ici une question légitime qu'il convient de se poser : l'exception de l'unité familiale prévue par le droit américain ne commande-t-elle pas que l'époux ou l'épouse d'un ressortissant américain ne soit pas sanctionné par une présence illégale sur le territoire américain ? Notons d'emblée que l'époux l'épouse d'un ressortissant américain ne sera pas sanctionnée par sa présence illégale sur le territoire américain à condition qu'il justifie d'une entrée régulière sur le territoire américain.

Cela suppose par exemple que l'époux ou l'épouse du ressortissant américain soit entré soit par le biais d'un visa soit par le biais d'un ESTA. Ces deux entrées sont considérées comme étant régulières. En réalité, le droit américain considère comme régulière, une entrée sur le sol américain qui a fait l'objet d'une inspection à la frontière. En l'occurrence, lorsqu'on arrive par une frontière aéroportuaire, il est naturel qu'avant de sortir vous soyez inspecté par un agent de l'immigration. Dans ces circonstances, votre entrée sera régulière et si vous restez plus longtemps que permis sur le territoire américain, mais qu'à terme, votre époux américain décide de vous parrainer, le temps accru sur le territoire américain de manière non autorisée ne vous sera pas opposable.

Cette situation est applicable, de manière semblable, aux mineurs, mais également aux parents du ressortissant américain.

CHAPITRE 4. EN QUOI CONSISTE LA RECONDUITE A LA FRONTIÈRE ?

Qu'est-ce qu'une procédure de reconduite à la frontière ?

Ainsi que discuté précédemment, si le gouvernement américain estime que vous ne remplissez pas les conditions d'entrée aux États-Unis, il peut décider de vous placer sous le statut de reconduite à la frontière. Dans ce cas de figure, il est très probable que vous allez être conduit en centre de rétention dans l'attente de votre présentation devant un juge de l'immigration. Vous pourrez toujours demander à obtenir une mise en liberté sous caution, et celle-ci vous sera accordée où refuser en fonction d'une décision rendue par un juge judiciaire.

Lorsque vous serez placé sous le statut de reconduite à la frontière, l'officier à la frontière va vous remettre un document contenant la date et l'heure à laquelle vous serez appelé à vous présenter devant le juge administratif. Ce document est crucial puisqu'il y contient également ce qui vous est reproché et toute la procédure qui va suivre. C'est également ce document, lorsqu'il est enregistré avec le juge de l'immigration, qui sert d'acte de poursuites à votre encontre et en conséquence constitue le document principal qui commence une procédure contentieuse à votre égard.

Vous aurez la possibilité de formuler vos remarques dans le cadre de cette procédure. Pour ce faire il conviendra d'évoquer, à titre de défense, des éléments qui vont permettre d'atténuer votre responsabilité administrative dans le dossier. Très souvent, les personnes demandent l'asile, demande la suspension de la mesure d'expulsion, ou encore demandent la protection sous la convention internationale contre la torture. Il faut noter que dans le cas de figure de la France, sauf dans des cas très particuliers, il ne sera pas possible de demander l'asile. La France est un pays sûr.

Cas fréquent de reconduite à la frontière

Le cas de figure générale qui se présente aux frontières et celui d'un français titulaire de sa carte verte qui est rentré en France ou a voyagé à l'étranger pendant une période supérieure à 6 mois. Les règles concernant la carte verte imposent que son détenteur rentre au moins tous les 6 mois aux États-Unis. A défaut s'il décide de s'absenter de manière plus longue, il doit en informer l'immigration avant de partir et obtenir un permis de rentrer aux États-Unis. Il est à noter que, dans ce cas, l'immigration américaine va vous demander des preuves justifiant votre présence longue à l'étranger.

Lorsque vous avez été absent des États-Unis pendant plus de six mois, il est important de comprendre comment cela peut affecter votre statut de résident permanent (titulaire d'une carte verte) et les procédures à suivre pour revenir aux États-Unis. En général, si vous êtes un résident permanent et que vous restez à l'étranger pendant plus de six mois, cela peut être perçu comme une intention d'abandonner votre statut. Pour éviter cette situation, il est recommandé de demander un permis de réentrée (Reentry Permit) avant de partir. Ce document permet aux résidents permanents de rester à l'extérieur des États-Unis pour une période prolongée, généralement jusqu'à deux ans, sans risquer de perdre leur statut de résident. Pour obtenir ce permis, vous devez remplir le Formulaire I-131, qui est l'application pour un document de voyage. Il est essentiel de soumettre cette demande lorsque vous êtes encore physiquement présent aux États-Unis, car le processus nécessite souvent une prise de données biométriques, qui doit également être effectuée sur le sol américain.

Le processus de demande peut prendre plusieurs mois, et il est donc conseillé de planifier à l'avance. En plus de cela, vous pouvez quitter les États-Unis pendant que votre demande est en cours de traitement, mais le permis ne sera envoyé qu'à une adresse aux États-Unis, vous devrez donc vous assurer qu'un ami ou un membre de votre famille pourra le recevoir et vous l'envoyer à l'étranger si besoin.

Si vous restez en dehors des États-Unis pendant plus d'un an sans un permis de réentrée valide, vous risquez de perdre votre statut de résident permanent. Les agents des douanes et de la protection des frontières (CBP) peuvent vous interroger à votre arrivée pour déterminer si vous avez abandonné votre statut, et ils ont le pouvoir de vous refuser l'entrée si vous ne pouvez pas prouver votre intention de rester résident permanent

Dans ce cas de figure, il peut s'avérer que, si vous n'avez pas obtenu votre permis de rentrer aux États-Unis, l'officier de l'immigration considère que vous êtes en violation du droit américain. De fait, cet officier va considérer que, par votre attitude, vous avez décidé de renoncer au bénéfice de la carte verte. Il existe des moyens de défense devant le juge de l'immigration afin de vous sortir de cette situation. Toutefois, le mieux est de confier la représentation de vos intérêts à un avocat : ce dernier sera en mesure de soulever tous les éléments de défense dans votre dossier.

CHAPITRE 5. QUELQUES ELEMENTS DE REFLEXION SUR LA FISCALITE FRANCO-AMERICAINE

Lorsque des Français s'expatrient aux États-Unis, ils doivent naviguer à travers des obligations fiscales complexes tant aux États-Unis qu'en France. La fiscalité des expatriés français peut être influencée par des accords fiscaux entre les deux pays, en plus des lois fiscales locales.

Obligations fiscales aux États-Unis

Les citoyens américains et les résidents, y compris les titulaires de cartes vertes, sont tenus de déclarer leurs revenus mondiaux au fisc américain, l'*Internal Revenue Service* (IRS), même s'ils vivent à l'étranger. Cela signifie que tous les revenus, qu'ils proviennent de sources américaines ou étrangères, doivent être déclarés. La date limite de dépôt des déclarations d'impôts est généralement fixée au 15 avril, mais les expatriés bénéficient d'une prolongation automatique jusqu'au 15 juin. Cependant, ce report ne s'applique pas au paiement des impôts dus, qui doivent être réglés à la date limite d'origine

Les expatriés peuvent être éligibles à des crédits d'impôt ou à des exonérations, comme l'exclusion des revenus gagnés à l'étranger (*Foreign Earned Income Exclusion*) ou le crédit d'impôt étranger (Foreign Tax Credit). Pour bénéficier de ces avantages, il est essentiel de soumettre une déclaration d'impôts, même si les revenus peuvent être nuls ou inférieurs au seuil d'imposition

Le *Foreign Earned Income Exclusion*

Le *Foreign Earned Income Exclusion* (FEIE) est une disposition fiscale du droit américain qui permet aux citoyens américains et aux résidents étrangers de ne pas inclure dans leur revenu imposable une partie de leurs revenus gagnés à l'étranger. Cela s'applique aux personnes qui travaillent dans un pays étranger et qui répondent à certaines conditions.

Pour pouvoir bénéficier de cette exclusion, les contribuables doivent établir que leur "domicile fiscal" est situé à l'étranger et satisfaire soit le test de résidence véritable, soit le test de présence physique. Le test de résidence véritable exige que le contribuable vive dans un pays étranger pendant une période continue d'au moins un an, tandis que le test de présence physique nécessite que le contribuable soit présent physiquement à l'étranger pendant au moins 330 jours au cours d'une période de 12 mois consécutifs.

Le montant qui peut être exclu varie chaque année. Pour l'année fiscale 2023, par exemple, le plafond d'exclusion était de 120.000 dollars. Ce montant est ajusté chaque année pour tenir compte de l'inflation. En plus de l'exclusion des revenus gagnés, il existe également des options pour exclure certaines dépenses de logement à l'étranger.

Les contribuables peuvent choisir de réclamer cette exclusion en remplissant le Formulaire 2555. Cette décision est généralement irrévocable pour l'année en cours et les années suivantes, à moins qu'elle ne soit explicitement annulée par le contribuable. Cependant, si un contribuable opte pour le FEIE, il ne peut pas également réclamer un crédit d'impôt étranger sur les revenus qu'il a exclus.

Le *Foreign Tax Credit*

Le Foreign Tax Credit (Crédit d'impôt pour impôts étrangers) est un avantage fiscal proposé par l'IRS qui permet aux contribuables américains de réduire leur impôt fédéral sur le revenu en tenant compte des impôts payés à des pays étrangers. Ce crédit est conçu pour éviter la double imposition des revenus, ce qui est particulièrement pertinent pour les expatriés et les personnes ayant des revenus provenant de sources internationales.

Pour bénéficier de ce crédit, plusieurs conditions doivent être remplies. Premièrement, l'impôt doit être effectivement imposé sur le contribuable par un pays étranger ou un territoire des États-Unis. Deuxièmement, le contribuable doit avoir payé ou accumulé cet impôt, ce qui signifie que le crédit ne peut pas être réclamé si le montant a été simplement retenu sans paiement effectif. De plus, le montant réclamé doit correspondre à une véritable obligation fiscale, excluant les montants susceptibles d'être remboursés. Enfin, seuls les impôts sur le revenu, les bénéfices de guerre et les impôts excédentaires peuvent être considérés comme éligibles pour le crédit

Les contribuables peuvent choisir entre deux méthodes pour récupérer ces impôts étrangers : en tant que déduction ou comme crédit. Utiliser le crédit est généralement plus avantageux, car il réduit directement l'impôt à payer, alors que la déduction ne diminue que le revenu imposable. Il existe des formulaires spécifiques, comme le Form 1116, pour déclarer et réclamer ce crédit, permettant ainsi aux contribuables de calculer le montant auquel ils ont droit

Obligations fiscales en France

De leur côté, les expatriés français doivent également prendre en compte les règles fiscales françaises. Selon la résidence fiscale, un individu peut être soumis à l'impôt sur le revenu en France pour l'ensemble de ses revenus ou seulement sur ses revenus de source française. La France considère généralement qu'un individu est résident fiscal s'il y passe plus de 183 jours par an, ou si son foyer principal y est situé

Les Français vivant aux États-Unis doivent déclarer leurs revenus mondiaux aux autorités fiscales françaises. Toutefois, des accords de non-double imposition existent entre la France et les États-Unis, ce qui peut réduire le risque d'être imposé deux fois sur le même revenu. Les expatriés peuvent ainsi bénéficier de crédits d'impôt en France pour les impôts payés aux États-Unis.

La fiscalité des non-résidents en France est régie par des règles spécifiques, car les non-résidents ne sont imposés que sur leurs revenus provenant de sources françaises. Cela inclut des revenus tels que les salaires, les revenus locatifs, les plus-values et les pensions si elles proviennent d'un fonds de pension basé en France. Pour les non-résidents, les salaires sont souvent soumis à une retenue à la source, ce qui signifie que l'impôt est prélevé directement par l'employeur ou le fonds de pension avant que le revenu ne soit versé.

Lors de la déclaration de leurs revenus, les non-résidents ont le choix entre un calcul de l'impôt basé sur un taux minimum ou sur un taux moyen, selon ce qui leur est le plus favorable. En 2023, le taux minimum d'imposition est de 20 % pour les revenus jusqu'à 28.797 €, et de 30 % pour les revenus au-delà de ce seuil. Il est essentiel pour les non-résidents de vérifier leurs obligations fiscales dans leur pays de résidence, car ce dernier pourrait également exiger une déclaration des revenus mondiaux, y compris ceux provenant de France. La plupart des conventions fiscales permettent d'éliminer la double imposition, ce qui signifie que l'impôt payé en France peut donner droit à un crédit d'impôt dans le pays de résidence.

De plus, un salarié non-résident qui travaille en France moins de 183 jours dans l'année fiscale ne sera pas imposé sur les revenus générés par ce travail, à condition que ces revenus proviennent d'un employeur qui n'est pas établi en France. Les non-résidents doivent également se conformer aux délais et modalités de déclaration des revenus, qui peuvent être spécifiques à leur situation.

Pour les Français s'expatriant aux États-Unis, il est crucial de comprendre à la fois les obligations fiscales américaines et françaises. Il est souvent conseillé de consulter un expert fiscal ayant une expertise dans les questions d'expatriation afin d'éviter des complications, telles que des pénalités pour non-conformité. Les règles fiscales évoluent, et les expatriés doivent rester informés des changements dans la législation fiscale des deux pays pour s'assurer qu'ils respectent toutes leurs obligations[4].

---

[4] Les chiffres sont sujets à mise à jour en fonction de l'année au cours de laquelle ils sont consultés.

CONCLUSION

S'implanter aux États-Unis est bien plus qu'une simple démarche administrative : c'est un projet de vie ambitieux qui allie espoir, travail et détermination. Ce livre avait pour objectif de fournir aux Français une feuille de route claire et détaillée afin de transformer ce rêve en réalité. Naviguer dans l'univers des visas américains peut sembler complexe au premier abord, mais avec les bonnes informations et une stratégie adaptée, chaque obstacle devient franchissable.

Comprendre pour mieux réussir

Choisir le bon visa est une étape déterminante, car chaque statut ouvre des portes spécifiques tout en imposant des limites. Que vous soyez un entrepreneur motivé par la création d'une entreprise, un investisseur prêt à participer au dynamisme économique américain, un salarié en quête d'un poste à l'international ou un artiste désireux de développer sa carrière outre-Atlantique, il est essentiel de connaître les implications de chaque type de visa. L'anticipation est une des clés du succès : un dossier bien préparé et déposé dans les délais vous évite de nombreux tracas administratifs et retards.

Les défis d'une aventure humaine

Au-delà des procédures, il est crucial de se préparer aux défis culturels et psychologiques liés à l'expatriation. Vivre aux États-Unis implique une immersion dans une culture différente, avec ses propres codes sociaux et professionnels. La barrière linguistique, les différences dans les habitudes de travail et la gestion du choc culturel sont des aspects souvent sous-estimés. Réussir son implantation passe donc par une adaptation progressive, une ouverture d'esprit, et l'envie d'apprendre de nouvelles façons de vivre et de travailler.

L'importance de bien s'entourer ne doit pas être négligée. Qu'il s'agisse d'avocats spécialisés, de comptables familiers avec le droit fiscal américain, ou encore de coachs en mobilité internationale, disposer d'un réseau de soutien solide permet de faire face aux défis avec sérénité. Les communautés d'expatriés peuvent également être une source précieuse de conseils et d'entraide au quotidien.

L'évolution des cadres juridiques

Le droit de l'immigration est en constante évolution aux États-Unis, et il est primordial de rester informé. Les régulations peuvent changer d'une année à l'autre, parfois sous l'impulsion de nouvelles politiques migratoires ou économiques. La vigilance et l'actualisation régulière de vos connaissances seront donc des alliées précieuses pour pérenniser votre statut et éviter les mauvaises surprises.

Un parcours sur mesure

Chaque projet d'expatriation est unique. Il n'existe pas de solution universelle, mais une multitude de parcours possibles. L'essentiel est de trouver la voie qui correspond le mieux à vos aspirations et à vos besoins. Ce guide vous a donné les clés pour vous orienter dans ce dédale administratif et mieux comprendre les opportunités et les risques inhérents à chaque option.

Le rêve américain à portée de main

Les États-Unis restent une terre d'opportunités pour ceux qui sont prêts à relever le défi. Réaliser ce projet exige du temps, de la patience, et une bonne dose de résilience, mais les fruits de cet effort peuvent être inestimables. Que ce soit pour entreprendre, étudier, travailler, ou simplement vivre une expérience inoubliable, l'Amérique peut offrir des perspectives incroyables à ceux qui s'y préparent avec soin.

Nous espérons que ce livre aura éclairé votre chemin, réduit les incertitudes et renforcé votre confiance dans ce processus parfois exigeant. En fin de compte, il ne s'agit pas simplement de décrocher un visa, mais de bâtir un avenir qui vous ressemble. Votre parcours est le vôtre, et chaque étape, chaque décision vous rapproche un peu plus de votre objectif.

Nous vous souhaitons tout le succès possible dans votre aventure américaine. Que ce voyage vous apporte non seulement des opportunités professionnelles, mais aussi des rencontres enrichissantes, des découvertes personnelles, et une croissance à la hauteur de vos espérances. N'oubliez jamais que chaque défi surmonté est une étape vers la réalisation de votre rêve. Avec une bonne préparation, un accompagnement adapté et un esprit ouvert, le rêve américain est à portée de main.

Bonne chance dans cette belle aventure et bienvenue dans le nouveau chapitre de votre vie !

Table des matières

Structures éditoriales du groupe L'Harmattan

L'Harmattan Italie
Via degli Artisti, 15
10124 Torino
harmattan.italia@gmail.com

L'Harmattan Hongrie
Kossuth l. u. 14-16.
1053 Budapest
harmattan@harmattan.hu

L'Harmattan Sénégal
10 VDN SICAP AMITIE 3
BP 45034 Dakar-Fann
direction@senharmattan.com

L'Harmattan Cameroun
Tsinga/Derrière polyclinique FECAFOOT
BP 11486 Yaoundé
Jacques.koukam@harmattan.fr

L'Harmattan Burkina Faso
Villa 281, secteur 23 623, rue 14.32
Ouagadougou
zagbie@outlook.fr

L'Harmattan Guinée
Almamya, rue KA 028 OKB Agency
BP 3470 Conakry
harmattanguinee@yahoo.fr

L'Harmattan RDC
185, avenue Nyangwe
Commune de Lingwala - Kinshasa
matangilamusadila@yahoo.fr

L'Harmattan Congo
219, avenue Nelson Mandela
BP 2874 Brazzaville
deunovmikhael@gmail.com

L'Harmattan Mali
Immeuble Mgr Jean Marie Cissé
Aci Hamadallaye
BP 145 Bamako
syllaka@yahoo.fr

L'Harmattan Togo
Djidjole - Maison Amela
face EPP BATOME
02 BP 20680 Lomé
didieramela11@gmail.com

L'Harmattan Côte d'Ivoire
Résidence Karl - Cité des Arts
Abidjan-Cocody
03 BP 1588 Abidjan
harmattan.ivoire@gmail.com

L'Harmattan Bénin
Rue 604, (Immeuble à l'entrée
de la rue UCAO- Cite de Saint-Jean)
Cotonou
stepcorpus@gmail.com

Nos librairies en France

Librairie internationale
16, rue des Écoles
75005 Paris
librairie.internationale@harmattan.fr
01 40 46 79 11
www.librairieharmattan.com

Librairie des savoirs
21, rue des Écoles
75005 Paris
librairie.sh@harmattan.fr
01 46 34 13 71
www.librairieharmattansh.com

www.ingramcontent.com/pod-product-compliance
Lightning Source LLC
LaVergne TN
LVHW051105051026
849532LV00004BB/1441
* 9 7 9 1 0 4 2 8 0 5 6 6 1 *